颠覆者

中国商业变革中的新生代企业家

李志刚◎著

SUBVERTER

中国友谊出版公司

目录

前言

这是创业者最好的时代

当今的中国，生机勃勃，新商业变革如火如荼。引领这场变革的，正是新生代企业家。他们是当下中国最有活力、最具有想象空间、不知天花板在哪里的一群人。

2014 年 2 月的某一天，我在路上招手搭上一辆出租车，司机的两部手机一直嘀嘀响个不停，一部装了“滴滴打车”*，一部装了“快的打车”。司机说，一天来自这两个打车软件的订单少则两三个，多则五六个，占了一天收入的 10%～20%。不算多，但也蛮重要的。特别是在城郊结合部，如

---

*2014 年 5 月 20 日，北京小桔科技有限公司对外宣布，旗下打车软件“嘀嘀打车”正式更名为“滴滴打车”。本书统称为“滴滴打车”。——编者注

果没有打车软件，往往跑空车。这个春节，我往返于成都和北京之间，每次都用打车软件预约凌晨 5 点的出租车到小区门口接我。

“快的打车”和“滴滴打车”之间的战役正打得昏天暗地，背后是两家互联网巨头阿里巴巴和腾讯的竞争。这场激烈的移动互联网时代的在线支付入口争夺战，只是互联网金融的局部战役。以支付宝、微信支付为首的互联网金融，正在向一贯保守、傲慢的传统金融业挑战。它们不仅仅吸纳大批社会闲散资金，还准备消灭现金以及信用卡的使用。骤然，中国银行利率市场化的步骤加快，五大银行在春节前做出存款利率上浮 10%的决定。

互联网金融又不过是当下中国新商业变革的冰山一角。新商业变革无孔不入，教育、能源、医疗、零售、电信等领域都正在发生或者酝酿着颠覆性变化。中国经济面临着结构性调整的问题，新商业变革必然是中国经济的未来方向。

长久以来，中国经济处于强势政府的统御下，改革开放的主导者是政府。但是这一轮新商业变革，科技公司正在通过新技术、新商业模式带来破局、变革的机遇，成为市场经济中最为关键的参与者。变革的主导者是活跃于市场经济舞台中央的新生代企业家。即使是金融、电信等既得利益集团强大的领域，也因为市场经济的发展，面临着新生代企业家的有力挑战。这是必然的趋势，不可阻挡。

新生代企业家，是我对一群主要出生于 20 世纪 70 年代，甚至更为年轻的企业家们的称呼，他们基本具备以下特征：

第一，自他们记事以来，政治唱主角的荒诞年代逐渐消散，他们成长于市场经济兴起的年代，思想自由之风吹进社会，商业规则逐渐取代过去的政治血统论成为社会规则的主流。

第二，他们成年的时候赶上了20世纪90年代末的互联网浪潮，浸染科技革命的朝晖，他们目睹了第一代互联网创业者的创富奇迹，甚至是当中的受益者。也因为互联网的开放，他们更容易与国际商业接轨，在成熟的欧美市场经济中找到学习的样本，接受商业知识的影响，具备全球化的眼光与抱负。不同于他们的前辈在毛泽东著作里寻找管理方法，他们更偏向奉行西方管理学经典，在彼得·德鲁克、杰克·韦尔奇等的著作中探寻。

第三，时代造就了他们在更为开放、平等、透明、公正的环境中成长，造就他们信仰技术改变世界，信仰这个世界按照公开的通行规则运转。

第四，不同于"92派"* 受益于改革开放的政策红利，借由国家干部等身份带来的信息不对称、人脉资源获得第一桶金。新生代企业家在竞争充分的市场，依靠新技术、新模式获得商业上的成功。

第五，更为规范的商业环境也给予了他们更多的创业工具，例如来自资本市场的资金支持。他们因而也建立起较完善的现代企业制度，股权明晰。

第六，不同于过去创造财富的模式来自于占有多少资源（例如矿产、地

---

*92派：1992年，大批在政府机构、科研院所的知识分子受"南方谈话"的影响，纷纷主动下海创业，形成了以陈东升、田源、郭凡生、冯仑、王功权、潘石屹、易小迪等为代表的企业家。——编者注

皮、资本），新生代企业家创造财富的源头来自于知识型人才，这也让他们乐于也必须善于分享，在公司内部采取股权激励措施，留住人才。这让公司被并购或者上市的时候成批量地创造出亿万富翁、千万富翁以及百万富翁。他们是当下中国创富运动里的主力军。

在当下风起云涌的新经济里，新生代企业家正是传统行业的掘墓人与新商业变革的开拓者。如何让用户以更优的成本获得更好的服务和产品，这是他们思考的发端。传统行业一切不必要的、损耗效率的环节，都是他们变革的对象。

2014 年 1 月 27 日，我和美团网成都站大客户总监郭丽华奔赴在成都最繁华的区域春熙路上，一位来自台湾的老板在这开了一家牛排店，房租一年 108 万元，已经开业八九个月，据老板说正在亏损中。郭丽华多次到他的店里谈合作，当天经过 70 分钟的拉锯战，终于敲定合作。她一边和餐厅老板聊天，一边拿出 iPad，通过 QQ 询问美团网负责后台支持的人，问护照可否作为身份凭证，得到肯定答复之后，就拿出合同让老板签字，当场用 iPad将合同、护照拍照，上传到美团网后台系统，这单生意就做成了。

我在一旁津津有味地看着，管中窥豹，美团网是怎么利用 IT（信息技术）系统改善公司运营流程，提升效率。2010 年 3 月上线的美团网，一开始模仿团购鼻祖 Groupon，让消费者用更为优惠的价格获得餐厅、电影院、美发店、KTV 的服务。2011 年 4 月，美团网创始人王兴告诉我，一个月交易额七八千万元；2014 年 1 月，美团网月交易额超过 23 亿元。不足三年，翻了 30倍。这就是创业的魔力。

出生于 1979 年的王兴，已经创业十年，在他手上诞生了不下 10 个项目，最为著名的是 3 个：校内网，引领中国校园 SNS（Social Network Service，社会性网络服务）风潮，后因为资金链断裂的缘故被陈一舟收购，改为人人网；饭否网，引领中国微博风潮，后因为用户谈论敏感事件而被关停了 505 天；以及现在的美团网，引领中国团购风潮。

王兴是一个典型的创业样本：他从零起步，缺乏资金、人脉等资源，草根创业。而他的失败对创业者也有典型意义：融资失败，受困于资金窘迫；因为联合创始人意见不一致而卖出公司；因为涉及敏感话题而被关闭服务器。他经历了每个创业者可能遇到的失败原因。更典型的是，他每一次创业都能引领中国互联网潮流，他学习美国的创业者，中国的创业者学习他。

这是一个悖论：接触过他的人都认为他是最具有创新意识的创业者，聪明、敏锐、有远见。但他同时也被视作一个“抄袭者”。他最擅长的，正是他最被诟病的。他对美国互联网的趋势把握非常准。你不能说他仅仅是个抄袭者。为什么每次都是他第一个抄？这个问题是核心。中国互联网上存在大量复制国外的网站，但很多人是看到别人做了，发现有戏才跟风。只有一次首先发现，那是运气；王兴每次都是第一个，这就是很有意思的事。

这就是我如此关注王兴的原因。他为什么痴迷于互联网创业？他为什么具有如此深邃的远见，屡屡洞察互联网的几波变革？

1995 年，王兴在福建龙岩这个小县城，第一次触摸到了互联网：通过浏览器打开雅虎的首页，在中国的县城看到美国最新的 NBA 新闻。1995年，这一年通常被视作中国互联网商业元年。丁磊在宁波搭建了他自己的 BBS（Bulletin Board Systerm，电子公告牌系统，现也泛指网络论坛或网络社群）；马化腾在深圳创办了 PonySoft 站台；马云在杭州开设海博电脑服务有限公司；张朝阳带着 ISI 公司首席代表的头衔返回了中国。

福建龙岩是个多山的城市，开门见山。在这里度过少年时代的王兴，1997 年乘火车到北京读书，才在华北平原第一次见到地平线上的落日。这一年，给他更奇妙体验的是坐在宿舍里，登录清华大学的 BBS，这让他感觉到“整个世界就在自己的指尖上”。

王兴在我眼里是最具有硅谷范儿的创业者，相信科技改变世界是他骨子里的信仰，不是挂在嘴边的说辞。

在美团网，你可以处处看到 IT 技术带来的影响：在前端，用户可直接在手机上完成电影票购买、选座、支付的环节，到现场看电影不用排队买票，直接打印电影票即可（可预测的是，在更长久的未来，纸质电影票也会消失）；在后端，地推人员可以通过移动端完成合同上传一系列手续，节省往返商家与公司的成本；与商家结算款项从人工结算变成半自动、自动结算。他们甚至更深入地参与到供应链中，帮助商家更精准地控制成本，提升效率。在成都，一些餐厅每月一半的营业额来自美团网的交易。

王兴有个观点，钱是消费者的选票，消费者每一次消费都是用钱投票，唯有更透明、更公平、更好的服务才能长久地吸引消费者。这个观点，由他蔓延至整个美团网，由美团网蔓延至与他们合作的商家们。中国的商业环境就这么点滴改善着。

“我们也在焦虑。”2013 年，我多次在企业家以及公司高管的嘴里听到这样的话。他们身处传统行业，正面临着互联网带来的冲击。科技革命对既有产业格局带来的影响，酝酿多年，在 2013 年猛烈爆发。

2013 年，网上流传一张照片：中关村的一家卖场人迹全无，只剩下空荡荡的玻璃柜，大大小小的经销商全撤柜了。曾经，中关村卖场是人流汹涌、摩肩接踵的地方，柜台摆满各种 3C* 产品。刘强东从中关村站柜台卖光磁产品起家，最后成了中关村卖场的掘墓人。

1974 年出生的刘强东，祖辈都是江苏农民，在京杭大运河上跑船运输，往返于徐州和扬州之间。1998 年，刘强东从中国人民大学毕业之后，没有像父母师长所希冀的那样，当国家干部，按部就班地工作、升迁。他选择了在中关村做生意。2003 年，因为“非典”导致门庭冷落，生意一落千丈。刘强东转而通过互联网售卖光磁产品，后来以壮士断腕的勇气，砍掉了占

---

*3C 是通信产品（Communication）、电脑产品（Computer）、消费类电子产品（Consumer）三类产品的简称。——编者注

据收入百分之九十的线下实体店生意，全力做在线生意。这几年来，刘强东是互联网备受争议的人物，唱衰京东的声音此起彼伏。但刘强东像重型坦克一样，在密布荆棘的道路上碾压而过。

2011 年 3 月 11 日，我采访刘强东，他刚刚走进办公室脱掉京东配送员的红色工装，他每年都会当一天的京东配送员，体验配送流程。这次采访让我意识到他不是一个好的被采访者，既不擅长讲故事，也不擅长讲理论。他回答问题总是很无趣，答案短小精悍，专注于手上的活。我为了这次 90 分钟的采访准备了 30 多个问题，到 70 分钟的时候就问完了——幸好，我是一个擅长东扯西拉的记者。2012 年 8 月 16 日，我再次见他，专访两小时，为了防止他回答太快，我准备了 80 个问题，刚刚好。

这是刘强东的风格：务实、埋头干活、专注业务。2013 年 8 月，在刘强东前往美国继续游学之前，我和他聊了一个半小时。虽然他声明这只是私下聊天，但我还是准备了 40 个问题。结束的时候，他只回答了不到 30 个问题。我意识到他的变化：他更务虚了，思考得更宽泛。他更乐于探讨京东的战略、企业文化、管理等问题，甚至探讨美国教育与中国教育的差别。而非像以前一样，更关注销售额的增速、物流的投资金额。

2013 年的游学，对刘强东是挺重要的一段经历，远远谈不上脱胎换骨，但给他带来了变化：第一，让他从一线的管理细节中解放出来，更注重全局性的战略创新。唯有 CEO（首席执行官）才有足够的资源去把握全局性的战略创新。第二，学会更包容、更尊重他人的想法。第三，在全球化的视野上有了提升。

在 2011 年第一次见刘强东的时候，他提到了少年时代带船队出海的梦想。2013 年，他再次提到这个梦想依旧没有变。2014 年京东的五大战略之一，就是国际化。过去 10 年，是国际资本和国际品牌进入中国的 10 年。虽然有少数公司（仅限于民企）在海外销售，但依赖的是渠道建设和价格优势。中国还没有诞生真正的国际品牌。不过，未来 10 年是中国资本和中国企业走出去的时候，国际化，会是刘强东他们这代企业家的梦想和使命。

在京东历史上，有两次最为重大的战略决策，让京东甩开了竞争对手。2007 年决定从 3C 扩张至全品类，以及 2008 年自建物流。从 3C 转为全品类战略，是刘强东遇到阻力最大的一次，所有的投资人都反对，公司管理层投票，共 11 票，6 人赞成，5 人反对，刘强东只靠微弱多数取胜。2008 年自建物流，六年来，关于京东在物流上的巨大投入导致的资金紧张，一直成为各种人质疑的焦点。我曾经和一位 VC（风险投资）合伙人聊，他就质疑：刘强东想同时做 Amazon＋UPS，这是不可能的事。

两年前，我跟亚马逊中国的一位高管聊，他说：在中国 960 多万平方公里的土地上，能不能为十三亿人能够提供一个网络，任何一个人在点击下单以后，在六小时之内把货物送上门？现在没有任何一家公司可以做到。这需要人在生意规模还没有达到这一步的时候，就先期投入很多，需要很大勇气。这是一个很大的挑战，也是很大的机会。

看起来，京东是最接近这个目标的公司。物流已经成为京东最为核心的竞争力之一，截至2013年年末，京东配送站已经进入全国1400多个区县（全国共2860个区县），刘强东要求2014年渠道继续下沉。

这几年因为对物流的巨大投入，导致京东一直被外界报道“资金链要断了”。但是，事实颠覆了人们的认知。做商业需要常识，但是依赖常识却往往无法创新——在刘强东之前，没有一家电商公司能够自建起如此庞大的物流体系。创新往往来自于颠覆常识、勇气以及韧性。

刘强东给我讲了一段往事。1992年，他怀揣500元来到中国人民大学读书，决定不再向父母要一分钱。当时国家每月发97元生活费，他做家教，推销图书，卖电脑，一个月能赚几百元，食堂的伙食一顿大概是1.5元。1996年春节期间，从腊月廿八起到大年初一，他身上只剩1.4元。大年初一那天，他冒着大雪去朋友处解决肚子问题，从人民大学步行七八公里到北京体育大学，吃了两顿饭后又步行回宿舍。“我可以向父母要钱，但我没有要。已经决定的事，不可以改变。随随便便屈服，就会不断给自己找理由。”

什么是企业家精神？坚定目标，甘冒奇险，无视条件简陋，不随便屈服于压力与惰性，对困难碾压而过。

冒险精神是企业家精神的最好注脚，在一无所有的情况下，靠自己闯出一条新路子。而不是等待什么政策都规划好了，才认为哪块领域的机会来了。事实上，只有那些被政策忽略的地方，才是企业家的机会。未来中国经济转型的关键就在这里。

传统行业面临着破局的命题：旧势力成为束缚今日成长的桎梏的时候，又如何打破这一僵硬沉闷的局面？过去越成功，今日破局的阻力越大。苏宁董事长张近东壮士断腕，破釜沉舟。这条变革之路注定不会一帆风顺，如果苏宁能够成功，则为成千上万的传统企业指明道路。

传统企业，对新商业革命又好奇又恐惧。有的人，好奇恐惧之后，最终选择拥抱新商业，拥抱新技术。有的人持着鸵鸟心态，将脑袋埋在沙子里，装着什么也看不见。

传统企业感觉群狼环伺，代表着新商业力量的创业者何尝不是强敌如林？要革别人的命，哪有那么容易？你拿什么来革别人的命？拿在线教育来说，如果在线教育创业者沿袭传统教育的模式和打法，只有死路一条。传统教育集团在资金、人脉、管理上的优势是很强的，创业者要脱颖而出，只有走完全不同的路，才能杀出血路。

好未来（前身即学而思）是一家线下教育机构，在全国各城市设置分支，它的线下教育业务还在不断上升，但和其他线下教育公司一样，好未来也面临最近几年蓬勃发展的在线教育的威胁。好在，好未来最初创业时就是依靠互联网起家；好在，好未来的管理团队大多是“80后”；好在，好未来有一个爱折腾的CEO张邦鑫。

2013年5月，我第一次正式接触张邦鑫，他理着圆寸、穿着灰色的Google（谷歌）纪念T恤，从下午两点到晚上七点，我和他聊了五个小时，中途休息了两次，他在办公室里打太极拳放松。“你看我说话这么快，就知道我性子急，打太极能够让我控制情绪。”

2002 年，四川大学本科毕业之后，考上北京大学生物系硕士的张邦鑫为了节省车费，直接从成都坐火车北上。身上只有几百元钱的他，决意自己养活自己，从做家教开始，一度同时做 7 份兼职，一个月挣了两三千元。这能让他在学校食堂吃饭的时候，比别人多加一个鸡腿。出生于江苏农村的张邦鑫，内心深处隐藏着不安：父母年纪大了，家里存下来的几万元只够供他读完大学。他害怕父母生病，没有钱治。兼职赚来的钱，张邦鑫给自己买了一台电脑，留了少数钱做生活费，其他都带回家里给父母。

2003 年，他和伙伴曹允东一块创业做教育培训，在知春路 22 号知音商务写字楼，他们租了一个不足 20 平方米的房间，花了 350 元买下破家具：一个不知道密码的铁皮密码柜、两张桌子、两把椅子以及坐下去就陷一个坑的沙发。“学而思”（2013 年更名为好未来）就如此诞生，后来这家公司变成在 15 个城市拥有 80 万名学生、主打 K12（中小学）多学科培训的教育集团。

2010 年，张邦鑫成为全球最年轻的在美国上市的公司 CEO 之一。可能是出身让他少年老成，他做事踏实、坚韧，好未来这家公司绝大多数时间里是潜行于水下，难以引起媒体的关注。这家公司与新东方一样，在线下租赁商业地产，开设班级，聘用老师面对面地给学生们上课。也同新东方一样，当投资人与创业者为互联网教育的机遇兴奋的时候，这家业态成熟的线下教育机构，也变成了可能的被变革的对象。

在线教育在2013年即成为创业热点，可预见在未来三五年里，这块混沌、看不清局势的领域会逐渐清晰、明朗起来。2012年，张邦鑫在公司内部提出“转型”的命题，高管们的反应基本是反对，觉得这是妄想。他花费了一年的时间来沟通，一边沟通也是一边坚定自己的想法。张邦鑫不是强势的人，做事是跟大家商量着来。“我强势，他们就跑了，得跟他们好好说，让大家都愿意。”他像啄木鸟一样推动这件事。2013年，公司内部达成一致，要为未来五年到十年做好准备，进军在线教育，与其让别人革自己的命，不如自己革自己的命。

张邦鑫在一封内部邮件中说：“我们能否放下已经视为正确的认知，是否具备自我否定的勇气和决心，是否能够放下原有领域的既得利益，是否具备面向世界的和面向未来的眼光……无一不考验着我们。我们需要用科技与互联网来推动教育进步，把科技元素和互联网、移动互联网引入到课堂，实现传统教育与在线学习的融合。”每家公司都将面对不可抗拒的命运：因为经营者的历史局限性，导致公司在洪水猛兽般的新技术面前，溃不成军。只有极少数公司才能以超越时代的远见，拥抱新技术，成就基业长青。由于短视和偏见，很多顺应时代创造辉煌的企业家，往往在下一个时代浪潮兴起的时候，错失机会。要让微软理解Google怎么思考的，这很难；Google也肯定理解不了Facebook怎么想的。

但是，就如安迪·格鲁夫在《只有偏执狂才能生存》一书里说的一样，

"战略转折点来的时候，如果你不想被摧毁，就只能快速反应、适应，并且改变"。

冯仑曾经说："民营资本最容易被国有资本湮灭的，就是擅自闯入国有垄断领域，如电信、能源、金融等，这些地方民营资本非请莫入，千万不要试图与政府用金钱来角力。"然而，在2013年，金融、电信这些行业感觉新商业变革刀锋扑来的森森寒意。阿里的余额宝撬动了2500亿元的社会闲散资金，倒逼银行推动利率市场化进程。腾讯的微信也让电信领域的老大们坐立难安。

在余额宝、微信兴起之前，谁可想到金融、电信能有这么一种玩法？在监管严厉、束缚过多的领域，变革的引导者用另一种游戏规则来玩游戏。

中国经济到了变革的时代，旧有的经济格局很难改造，不如另走一条新模式，打造全新的新经济。修修补补无济于事，不如另起炉灶，颠覆变革。新经济的路闯出来了，旧有的经济格局势必跟着变化。

中国经济的每个领域，金融、信息、能源、医疗、服务、娱乐等，都会被新技术、新模式给颠覆。在传统领域，条条框框太多了，民营企业什么都做不了。这逼得民营企业只能到全新的领域野蛮生长。互联网就如此。

所有用户需求得不到满足的，所有效率低下、交易成本过高的，所有被监管过度的领域，在未来都有被创新颠覆的可能。这是中国当下每时每刻正在发生的新商业革命。互联网金融之于银行，电商之于零售，在线教育之于线下培训，视频之于电视台……新的力量入侵，撬动旧势力看似牢固的格局。

从 2005 年至 2010 年，当时的互联网创业风潮是视频网站。相对来说，这是一个政府监管比较严厉的行业，创业者需要花费很大精力应对不确定的政策风险。2007 年年底，国家广电总局宣布将颁发网络视频牌照。2008 年奥运会前酷 6 网、优酷网先后拿到牌照。土豆网迟至当年 9 月 10 日才拿到牌照。至于 56 网，陷入了长达一个多月的勒令整改关停的漩涡里。当 56 网恢复运营的时候，江湖已经不是那个江湖了。

然而在这个监管严厉的领域，视频网站也杀出一条血路。当初视频网站还是简单地扮演着一个传播渠道的角色——就是这样，它已经动摇着电视台的根基。它们不仅仅冲击着传统的电视台，并且更深入到产业链上游的内容制作以及下游的硬件制造。

视频网站爱奇艺在 2013 年做了三件事：第一，并购 PPS；第二，抓住移动视频的机会；第三，推出互联网电视。2014 年，爱奇艺的重点之一是自制剧，日前全资成立“马东工作室”，由爱奇艺首席内容官兼任负责人，定位于集投资、制作、发行于一体的专业影视制作公司。视频网站在经过漫长的版权、带宽竞争之后，开始将战线拉长到产业的上下游。

这是新商业变革的双生子：融合。当互联网公司深入改造产业链的时候，也是传统行业以开放心态拥抱互联网的时候，他们彼此会融合。

2012 年到 2013 年，视频网站经过一系列的并购，互联网格局初定。但是互联网和传统娱乐产业的融合，传统娱乐公司对新媒体的渗透，还刚刚开始，若要形成稳固的格局，可能需要五年时间。这五年，就是娱乐传媒集团们雏形初成的阶段。

未来，再不是视频网站与视频网站之间的战争，也不是视频网站与传统娱乐公司之间的战争，而是娱乐集团与娱乐集团之间的战争。这些娱乐集团的业务结构是相似的：既有内容又有渠道，既有新媒体，也有传统媒体。虽然它们的切入点开始是不同的：传统娱乐媒体公司通过投资、收购的方式进入新媒体；新媒体通过收购、投资的方式，获得更加丰富的内容。再细分一点，可能有的公司从门户网站切入，有的公司从即时通信工具切入，也有的公司从搜索或者其他互联网应用切入。殊途同归，大势所趋，必然是中国诞生十家左右综合性的娱乐传媒集团。

相比之下，传统媒体包袱太重，适应能力远远不如新媒体，他们对新媒体的了解，不如新媒体对他们的了解。新媒体有更新的观念、更强的包容性、更丰富的手段、更大的用户基础。如果未来有十家综合性娱乐传媒集团，新媒体会成为主流。

爱奇艺也许是其中一家。爱奇艺在视频网站中起步很晚，2010 年 4 月 22 日才上线。龚宇曾经是焦点网的创始人之一，后来焦点网以 1600 万美元的价格被搜狐收购。创业艰难。我对龚宇印象最深的一件事最并非发生在爱奇艺，而是他早年创办焦点网时。2001 年冬天，北京下着大雪，焦点网濒临弹尽粮绝，碰巧龚宇的车又被偷了，从家里到公司，平常步行最多只需要半小时的路程，龚宇的双腿像灌了铅似的，用了一二个小时。

有一句话是，很多人的努力程度还未到比拼天赋的程度。龚宇创办爱奇艺时，已经是42岁“高龄”，但是，爱奇艺CMO（首席营销官）王湘君告诉我：“当龚总的下属压力特别大，每天到公司最早的永远是老板。北京的交通不确定，但他每天8点就到公司了，他就是坐坐、早上思考一下，大家紧张，以为他在考勤。能收到龚总邮件的人都知道，一般都是晚上11点半到12点半这段时间，估计是见完人、办完事了，需要处理邮件。可想，他一天的工作时间有多长。”

在视频网站的竞争中，王微算是失意者。土豆网流血上市，2011年8月，一位去接机的前土豆员工回忆起，那时候王微整个人就像没有骨骼一样，丝毫没有上市后的喜悦。王微对土豆的员工说，总觉得对不住他们，因为没有给奋斗了七年的同事带来更好的回报。2012年，土豆网和优酷网合并，王微退出了管理层。

创业不易，九死一生。2013年，王微选择了再出发，这次切入产业链的上游——内容制作。他选择了动画制作，成立了追光动画。

我不知道王微的内心是否还盘旋着那个念头：做像迪士尼一样的娱乐传媒集团。这是他在土豆网时期的梦想。他觉得土豆发展到了瓶颈阶段，他有点看不清未来。有一个多月的时间，王微一上班就在那个敞开的大办公室里踱来踱去，面无表情地思考，没有人敢打断他。直到有一天，他开窍似地大声说：“我们要发展成一个传媒集团！”他立即召集人手开会，兴奋地告诉同事们：土豆网只是我们一个小小的平台，我们有要一个自己的电视台，有很多网络平台，还有网络电视台，有各种各样的终端，我们要形成一个像迪士尼一样的传媒集团。

对于再出发的王微来说，他现在要考虑的是，如何做出一部制作精良的动画电影，赢得口碑以及票房，就像皮克斯一样。

互联网给创业者带来的影响，不仅仅局限于技术、工具，也在于管理、流程，更在于创造一个开放、平等、自由的环境。这是互联网信息自由流动的本质决定的，个体的力量在互联网时代被放大，你不得不尊重每一个用户的使用评价，你不得不尊重每一个员工创造的价值。

王微明显把互联网公司的人性化管理带进这个行业。我看到茶水间塞满了零食、饮料和水果。追光动画的原画师郑学志连用几个"舒服："下班打车费用报销很舒服，葡萄很甜也很舒服，一开始食堂饭菜有点咸，跟阿姨提一提，现在就很舒服了。每周周五有小型 party（聚会），吃烧烤，聊天、游戏，我在自由职业的时候感受不到，原来画画之外的事情还可以变得这么舒服。在这只需要把画画好就可以了，把所有的画画以外的事情都交给别人做，非常舒服。"

他原本是自由职业者，现在每天早晨 7 点 45 分起床，8 点 10 分出门，8 点 50 分坐上班车，9 点 20 分抵达追光动画，9 点 30 分开晨会。会后就根据沟通的结果创作，周一、周四跟美国顾问电话沟通。未来两年一共 104 周，每周的进程表已经全部安排好了。"每天打开电脑工作，每一项计划都很清楚，技术部门提供了非常有效的软件帮助。每个人把手上该做的事情做得很好。”

视频行业一年多来最主要的三起并购案子，都与包凡有关。在优酷土豆合并里，他代表优酷谈判；他促成了百度收购 PPS；在搜狐角逐 PPTV 的案子里，他代表搜狐谈判（PPTV 最终被苏宁收购）。中国互联网大约 70%的融资、并购、IPO（首次公开募股）动作都跟华兴资本有着千丝万缕的关系。

2013 年，华兴资本旗下的华兴证券是在美国和香港 IPO 的中国公司兰亭集势、去哪儿、博雅互动、久邦（3G 门户母公司）的副承销商或者主承销商。华兴证券还参与了唯品会增发两亿美元、奇虎 360 六亿美元可转换票据发行、新浪七亿美元高级可转换票据发行等项目。不完全统计，华兴资本 2013 年交易额在 40 亿美元以上。

包凡说：“华兴是野蛮生长出来的，在传统投行里没有生存空间，在国内拿不到牌照，需要不断寻找自己的空间，我们就先后拿到香港和美国的券商牌照。华兴与新经济血脉相连，华兴的机会就是发现了新经济这一代创业者，需要专业的投行服务，但没有投行看得上这块市场。我们坚定地追随新经济，新经济走到哪里，我们就走到哪里。”他把自己关注的领域称作新经济，也是包凡启发了我对新商业变革、新生代企业家的思考。

写关于包凡的文章的时候，我跟他聊了三次，第一次采访了两个小时，后来他又在微信上约我：感觉上次没聊透，我们再见面聊聊吧。结果又见面聊了两个小时。第三次，我觉得还有几个小问题，抓住他刚从纽约回到北京、次日又要到南非开会的唯一一点儿时间，解决了那几个问题。

包凡为人爽快，反应也特别敏捷。他是伴随中国新生代企业家成长起来的投行人士，原先他在国际投行里工作，2004年创办华兴资本，一开始是为中国互联网公司做财务顾问。包凡抓住了中国过去十年发展最快的行业。“创业者需要资本的对接，投资人在投资之前，跟他们的利益是对立的，他们需要中立者的帮助。我的想法是，给他们提供服务，钱少赚一点没关系，跟着他们成长。你发现了一个新市场，对手瞧不上，你就自己做，等你做大了，对手再盯着就来不及了。”

当当网董事长俞渝告诉我，她曾给包凡讲：“如果中国有人能够成为摩根，那就是你。你需要耐心，摩根是什么时候开始用财务手段整合美国铁路、钢铁行业的？63岁。”

我将这话告诉包凡时，哪知他说：“我就想成为我，我希望未来世界上最牛的投行就是我。Google当初要是说我想成为下一个微软它就死了；Facebook想成为下一个Google也死了。一家伟大的公司就是要走自己的路，核心就是三个问题：你服务的人是谁？给他解决什么问题？为什么是你服务他？不同年代有不同的成功故事，摩根、高盛是在特定历史时期里的伟大故事，我们赌的是下一个二十年的事，肯定不会是成为下一个摩根、高盛。他们的成功不可复制，如果哪天华兴成功了，华兴的成功也不可复制。因为时代不可复制，机遇也不可复制。”

“滴滴打车”CEO 程维，是本书收录的企业家里最年轻的一位，出生于 1983 年。“滴滴打车”创业也就两年，却是 2014 年上半年最受关注的一家创业公司。它和竞争对手“快的打车”分别在腾讯和阿里巴巴的支持下，发起补贴出租车司机和乘客的营销战。

这场营销战役，超过了互联网业界范围，获得了广泛的社会关注。这正是这场新商业变革的特点，过去的互联网竞争是发生在互联网公司与互联网公司之间的，新闻传播局限在互联网业界，互联网公司与非互联网公司之间有着明显的边界。这一次，互联网公司和非互联网公司的边界不再是界限分明，而是犬牙交错，互相侵入，互相融合，边界在消融。

出租车是一块计划指标压过市场经济自主行为的领域，是不完全市场经济。说它是市场经济吧，出租车牌照的发放完全依靠行政指令，那些拥有出租车牌照的出租车公司，每月收取来自出租车司机的份子钱，旱涝保收；说它不是市场经济吧，出租车司机的收入却与他的市场行为挂钩，多劳多得。

在本书中，你可以看见，身为创业者的程维和他的同伴们，如何抓住出租车司机这样一点点市场经济自主行为的缝隙，在这块顽固保守的领域，开启了打车软件的破冰之旅。

新技术、新商业模式，就是这么一点点蚕食掉传统产业的份额，这是新商业变革的时代。

《异类》一书提到，富豪和其出生年代有很大关系，也就是说，富豪从他出生那一天起，他成为富豪的概率要比其他时代的机会大很多。比如，比尔·盖茨、史蒂夫·乔布斯、埃里克·施密特（Google 前 CEO）都是 1955 年左右出生，他们成长的 1975 年前后，正好赶上了个人计算机（PC）大爆发的时代。更远一点，像百年前的美国富豪，洛克菲勒、卡耐基等人，他们出生于 1840 年前后，他们成长的 19 世纪六七十年代，正好是美国历史上经济发生最大变革的时代：铁路在兴建，华尔街开始繁荣，制造业蓬勃发展，传统的经济体制被打破，新的经济体制开始建设。

时势造英雄。1983 年出生的程维，不是独自一人。2014 年以来，我接触了数十位出生于 1983 年、1984 年的创业者，依托新技术革命，他们在移动互联网、租车行业、互联网金融、信息资讯、在线教育等领域正在进行一场对传统产业（包括 PC 时代的互联网）的革命。他们有的已经用户过亿，有的估值几亿美元甚至更高，短短两三年，他们就达到了他们的前辈需要近十年努力才能达到的高度。这是因为他们赶上了新商业变革的好年代。

上一次中国社会的大变革，还是 1992 年改革开放进入新阶段。很多成名于近 20 年前的企业家，不少出生于 1963 年前后，比如俞敏洪（1962）、张近东（1963）、潘石屹（1963）、马云（1964）、张朝阳（1964）……他们成长、创业时，正好赶上了 1992 年后的改革开放新阶段以及之后的中国互联网诞生。

而这一次新商业变革，1980年前后出生的人，正值创业的最好年龄：普遍完成了良好的高等教育，在工作中积累起一定的经验，也认识了一些相似的人，年轻力壮，思维活跃。互联网已经是他们普遍使用的工具，而他们在日常生活中又感知到传统行业的效率低下、种种不便之处。他们既不会因为太过年轻，而看不懂机会；也不会因为年老保守，而失去机会。多好。

当下，是中国创业者最好的时代。变革意味着混乱，只有无序的混乱才有创业者夹缝生存、火中取栗的机会。如果各个公司都把自己的板块划分好了，格局稳定，那创业者的机会在哪里呢？格局混乱中的裂缝，就是创业者的机会——只要给他一条缝，他有可能撬起一整个板块。

2002年，在微软工作一年的郭去疾，觉得自己肯定要回国。这段时间是他的迷茫期，想回国创业，又觉得应先在美国读博士。李开复说："中国就要崛起了，等你把博士读完了，中国都崛起完了。"

2006年夏，《世界是平的》的作者托马斯·弗里德曼来中国演讲，李开复在北京全聚德烤鸭店设宴款待他，席间，有人问弗里德曼，除了外包、研发中心往第三世界转移以外，还有什么例子能说明世界是平的，会有什么样的影响？

时任Google中国首席战略官的郭去疾，并不满意弗里德曼的答案，这个问题在他心底留下了影子：世界是平的，这里面有什么创业的机遇呢？

此后，他和朋友共同创办了兰亭集势。这是一家跨国 B2C（Business-to-Customer，商对客）企业，直接面向海外消费者销售中国生产的婚纱、手机等产品。他们用 Google 推广，用 Paypal（贝宝）支付，用 UPS 和 DHL 发货。兰亭集势起来的时候，正是温州等地以外贸为主的工厂受到全球经济危机沉重打击之时。海外留学，又在微软、亚马逊、Google 任职过的郭去疾，用自己的战略眼光、商业知识帮助这些工厂改造供应链。他的经历讲述了一个故事：在全球化浪潮里，IT 精英是如何拉近中国制造与海外消费者的距离的。

与郭去疾打过交道的人，都说他绝顶聪明，又特别强势。在我接触的新生代企业家里，他是颇具战略眼光的一位。2011 年，他就说："我觉得，国内很多企业家，中国的国门就是他想象力的天花板。"2014 年 1 月，兰亭集势宣布收购一家美国互联网公司。

世界潮流，浩浩汤汤，新商业变革是中国不可阻挡的趋势，新技术、新模式颠覆旧有的产业格局，扭转乾坤。同时伴随着的，必然是中国民营企业的全球化进程，过去依靠廉价低端的代工厂进入世界的中国经济，未来会依靠品牌与资本深入介入全球价值链，扮演更强力的角色。

变革与全球化是中国经济的基调，而奏响它们的主力军是新生代企业家。

刘强东、王兴、包凡、张邦鑫、龚宇、郭去疾、王微、程维，这一本书仅仅收录过去几年来我深入接触过的8位新生代企业家。不过，新生代企业家不只是他们。新生代企业家是当下中国最具活力、最具有想象空间、不知天花板在哪里的一群人，他们代表着中国的未来。他们也是中国万千创业者的典范。

作为商业作家，我近距离观察新商业变革，切身感受它的磅礴力量。而今中国，创业门槛越来越低，制度越来越松动，资本越来越容易获取，也越来越容易找到志同道合的创业伙伴。在中关村的街头，在杭州的小区，在深圳的创业园，在成都的开发区，越来越多的创业者在涌现，而三五年后在他们当中又会涌现出更多的新生代企业家。

这些新生代企业家们，相对他们取得的成就来说，我更欣赏他们在创业路上展示的梦想、远见、敏锐、勇气、坚韧和独立。

创业之路坎坷不平，今日的顺风顺水，不可代表明日的坦途荡荡。某个关键位置的员工离职、竞争对手突然出击、资金链断了、产品慢了一步……对于创业者来说，一千个原因可以让他们死，活下去的就是英雄。“创业英雄”的称号不仅属于那些声名赫赫的大公司，属于在本书里提到的这些新生代企业家，也属于雇用十来个员工、按规定交税的创业者。梦想、勇气与坚韧是创业者最可贵的品质。相比那些浑浑噩噩随波逐流加入考公务员大军的人，创业者正体现了难能可贵的一点：掌握自己的人生，用实践书写一个独立的、大写的“人”。这是中国未来的力量。

大势所趋，中国的未来往前走的趋势不会变。就好比现在刮东风了，你挡不住。即使可能会下雨，或者有点西风拐过来，但东风压倒一切。在这个风势里，你即使犯一点错误，都可以掩盖起来。

天高任鸟飞，海阔凭鱼跃。

王 兴

纵情向前

“互联网改变一切，没有被互联网改变的行业都会被互联网改变。”

半夜十二点，猫眼电影负责人徐梧向王兴诉说难处，王兴沉默了一会儿，严肃地说："你知道什么是真正的 Entrepreneur 精神吗？知道自己的目标是什么，想着如何实现目标，不管自己现在拥有什么，哪怕手上什么都没有。"

Entrepreneur，中文译为企业家。这话深深震撼了徐梧，他意识到这正是自己想在王兴身上追寻的最本质的东西。他曾经感到疑惑，王兴创业接连失败为何还能坚持下去？为何能将一家 20 人的小公司做成如今 4000 人的规模？在这瞬间，他豁然开朗。

王兴的创业故事，开始于一封邮件。2003 年 11 月底，在美求学的王兴给五位同学发了一封邮件："这是改变信息传播的巨大机会。"他中止学业，回国与他的两位同学王慧文、赖斌强创办社交网站。后来，他的故事广为人知：在他的手上诞生了中国第一家类 Facebook 的网站校内网、第一家类

Twitter 的网站饭否网、第一家类 Groupon 的网站美团网。

校内网因为资金中断而被陈一舟的千橡集团收购；饭否网因为涉及传播敏感言论而被迫关闭 505 天，错失中国微博网站兴起的机遇。诞生于 2010 年 3 月的美团网，2013 年全年交易额 160 亿元，其移动端交易额占比接近 70%，在团购行业的市场份额超过 50%，并实现年度盈利。

若干年前，王兴的朋友张亮准备采访马化腾，他问王兴你有什么想问马化腾的？王兴回答："他是怎样坚持下来的？"在那时候，王兴内心可能对做事不是那么确定。这位可能是中国公开失败经历最多的创业者，历经磨难。2009 年 7 月，饭否网因为传播有关新疆"7·5 事件"的言论而被关闭，直到 505 天后才重新开放。王兴四处奔走无解决之路，团队并没有散伙，仅有两人离职。当时的员工形容团队的状态是相依为命，不知道明天或者下一周是否会有改善。

"王兴是一个坚持的人，影响了大家。如果他轻易放弃，大家也不会坚持下去。我一开始就没有想过自己逃跑，找一份更高收入的工作。除非是公司彻底解散。"美团网联合创始人、技术副总裁穆荣均说。2009 年年底，他们开了一个小小的年会，讨论"假如这个公司明天就不存在了，大家会怎么样？"这勾起了一些伤感：为什么我们要待在这家公司？为什么每天要这么辛苦地做事？王兴当场哭了起来——这可能是王兴难得的动容，他是一个相当理性、善于克制自己情绪的人。

他坚持创业的内心驱动力究竟在哪里？也许故事得推向更遥远的时候。

福建龙岩是个多山的城市，开门见山。在这里度过少年时代的王兴，1997年乘火车到北京读书，才在华北平原第一次见到地平线上的落日。这一年，给他更奇妙体验的是坐在宿舍里，登录清华大学的BBS，这让他感觉到“整个世界就在自己的指尖上”。

由于父亲做水泥生意，家境优越，王兴是龙岩最早一批拥有电脑的人。1995年，他通过拨号登录广州的BBS，下载别人的留言，互联网的奇妙世界就在他眼前开启。更早的时候，他已经摸索这个世界运转的道理。他和伙伴去爬火车，老师问他们为什么这么顽皮。他们回答：“我们在研究蒸汽机。”小学五六年级，他和伙伴一起接触无线电，动手做录音机、功放；在中学，他和伙伴们一块读艾柯卡、比尔·盖茨、迈克尔·戴尔的书，一块尝试售卖调制解调器，讨论《未来之路》描述的信息化美好前景。这个时期，他也读了戴尔·卡耐基的《人性的弱点》、奥格·曼狄诺的《世界上最伟大的推销员》——这些书他再未看过，因为“成功学能达到的高度是有限的”。他的梦想不是“成功”，而是来自于他对科技的信仰，从做功放开始，他就“对结构感兴趣，从根本上相信这个世界它的运转是有道理的”。

《数字化生存》是他的启蒙之书，书中说互联网的本质是移动比特比移动原子的速度更快、成本更低。我们在降低人们社交成本的校内网、在提升信息传播速度的饭否网，以及让商家和消费者更便利地连接对方的美团网上，看到这种思路的一脉相承。王兴相信科技改变世界，他内心渴望的是，理解事物的本质，探究未来可能实现的方向，并转变成现实，让未来变得更美好一点——虽然这有点虚，但却是他内心的驱动力。

“你在向前展望的时候不可能将（过去人生）这些片段串联起来，你只能在回顾的时候将点点滴滴串联起来。”2005 年，乔布斯在斯坦福大学毕业典礼上如是说。王兴坐在美团网北京办公室的工位上，引用这句话，解释他为什么会走上创业的路。

王兴说：“互联网改变一切，没有被互联网改变的行业都会被互联网改变。”我们的故事就是，一位信仰“科技改变世界”的年轻人是如何一步步成长为企业家的。

2001 年清华大学毕业后，王兴到美国继续深造。2003 年冬天，他向导师请了一个长假，回国创业。他写邮件给自己的同学王慧文、赖斌强等人，描述了美国 SNS 的发展情况与前景。当时六度空间理论正流行，理论假设最多通过六个人，你可以认识任何一个陌生人。王兴算了算，他还真能通过六个人结识总统。这一理论也成了他做 SNS 的基础。

王兴的回国，成为这群伙伴共同创业的引爆点。“大家心里都有朦胧的创业想法，创业是迟早的事。如果没有引爆的话，可能会迟几年才发生。”校内网联合创始人、美团网 IT 兼行政总监赖斌强说。当时，王兴与导师请了长假，不算完全退学。王兴本科时候的室友王慧文则彻底退学了。

一开始，王兴、赖斌强、王慧文三人的创业就显得非常不正规，几个年轻人没什么工作经验，没有人脉上的积累，找不到有工作经验的人合作。王兴父亲支持了他三十万元，赖斌强和王慧文也各自借了十多万。这三位在家长眼里“不老实读书、找工作，整天尽瞎折腾”的年轻人，在清华大学附近的海丰园租了一套三室一厅的房子开始了创业。在三十来平方的客厅里摆了六张桌子，每人一张桌子，面对面工作。每人一个卧室，睡的是一百多元一张的折叠床。房间没有暖气，冬天只有小小的取暖器供暖，不顶事。王慧文说：“关于海丰园的回忆，在阿赖的心里都是冷的。”

除了冬天有点难熬，他们过得很快乐，王慧文说他们是“典型的无产阶级，没有什么可失去的，心态非常好”。他们每天晚上做到一两点钟，早晨八九点起来，牙都不刷直接干活，中午饿了再去刷牙吃午饭，每个周末会有一天去爬山，另一天就讨论手头做的东西。

他们林林总总尝试了十几个项目，包括 SNS 网站“多多友”。当时他们对 SNS 的理解还停留在六度空间理论上，比较教条，没有很深入地去理解社交平台。最开始高亢、兴奋的情绪，在做了十几个项目之后变得有点低落。“最困难的是迷茫，脑子里有隐隐约约的前进方向，但怎么试都没有什么反应，明明知道前面有一个矿，但这里挖，那里挖，都挖不出来。”赖斌强说。夜深人静的时候，他躺在床上想着创业的事，有点儿着急。

多多友用户增长数字不理想，他们意识到多多友对人群没有任何区分，看似包容得很多，其实什么都包不到，转而讨论校园 SNS。他们隔一段时间就讨论一次，想法慢慢清晰起来。

2004 年 2 月 4 日，Facebook 成立。谁也不知道这个毫不起眼、仅向哈佛学生开放注册的网站，刮起席卷全球的风暴。2005 年夏，王兴发现了 Facebook 的存在，他们再次讨论校园 SNS，决定模仿 Facebook 做一个校园 SNS。

2005 年 12 月 8 日，校内网正式上线。这一次，他们挖到了矿。

许多创业者跟风而动，名目繁多的校园 SNS 层出不穷。2006 年 4 月，陈一舟的千橡推出 5Q 校园网；一名从哈佛回来的留学生创办了占座网。

竞争加剧，校园代理、推广都需要大规模地进行，不能再小打小闹了。王兴开始寻找融资，红杉找上门来了。但是，最终红杉将钱投给了号称占据了几百家学校邮件系统的占座网。王兴他们跟美国一家投资机构接触，签了框架协议，金额大约是 100 万美元。投资者 7 月份来到中国，四处走了一圈，拜访了腾讯、千橡等公司。之后，他问王兴：你们是不是对这个竞争形势估计得不对？这么多巨头要做这个业务，你们就融这一点钱？他提出多找几家机构合投，多一些钱。王兴他们说没必要，搞那么多钱没什么用，100 万美元就够了。他们没有意识到，这位投资者心里已经打退堂鼓了。当他回到美国，就撤回了框架协议。

“我们没有经验，没有留出足够多的时间，没谈成以后资金就没了。”王兴说。他承认，借钱可以再撑一段时间，但如果没有很多资金进来，竞争也很困难。当时想的是 100 万美元就够了，后来看远远不够。

在别人眼里，当时王兴的团队太稚嫩了，就几个“生瓜蛋子”，一支不知从哪里冒出来的杂牌军。投资者问他们商业模式，王慧文心里想，这不是有病吗？有这么多用户，早晚会有办法赚钱的。但又不能公开说自己不认可商业模式这句话，凑合着回答，答案自己不满意，投资者也不满意。“你要是周鸿祎，说我现在没有模式，但将来会有很多用户，VC 也认了。但两个不靠谱的年轻人说，人家会觉得你在吹牛。”

在四处寻找融资的时候，陈一舟也在和王兴接触，他不断地开出收购价码，一次比一次高。在校内网陷入财务困境的时候，三位创始人出现了分裂。赖斌强强烈赞成卖，王慧文强烈反对卖，王兴是居中偏向不同意卖。王兴家并不缺钱，可以向他父亲借钱。但是这个想法最终没有践行。赖斌强认为在没有拿到融资的情况下，校内网拼广告没有什么胜算。借钱去砸广告，这对创始人来说压力太大了。“这是我和他们俩性格深处不太一样的地方，他们俩比较偏执，比较不考虑退路。我可能会考虑一下退路，不想借了几百万的债，最后倾家荡产。我不一定大富大贵，但也不要背一屁股债去创业，这很沉重。如果卖掉的话，有了现金，我们完全可以再继续开始。”赖斌强说。最终，校内网卖给了陈一舟。由于有保密协议，王兴他们得到了多少钱不太清楚，坊间传闻是 500 万美元。“拿到钱以后，大家都有点疲劳了，没有什么中 500 万大奖的感觉。”赖斌强说。

陈一舟将校内网与 5Q 合并。2008 年，他向孙正义的软银集团融资 4.3 亿美元。后校内网改名为人人网，面向全年龄段网民。2011 年 5 月 4 日，人人网在美纽交所上市，融资 8.5 亿美元，上市首日市值超过 70 亿美元。

不过，2014 年 2 月 5 日，其市值已经跌至 12 亿美元。

王兴说："校内网融资失败，我不能将责任归于外界环境，主要责任还是在我们自己，当时也有对手融资成功。可能和投资人沟通有问题，无法让对方对我们有信心。"

互联网观察家谢文认为王兴当时太年轻，没经验，以比较朴素的眼光来看互联网的创造和运营，想得比较简单，不善于将自己的思想完整表达出来。

卖掉校内网，对于王兴来讲，是意犹未尽，好戏刚刚开始就收场了。美团网副总裁杨锦方觉得校内网卖了挺可惜的，王兴却显得很平淡，他说这是过去的事情了，不去想它。杨锦方觉得王兴的心态很难得，想要做大事的人，最忌讳的就是躺在过去的事情上。

在千橡度过锁定期之后，王兴离开了千橡。尽管协议规定，如果王兴多待一年，可以拿到额外的一笔钱，但是他觉得即将要做的事情比这笔钱更重要，于是放弃了。他打电话给王慧文、赖斌强，这两人正在东奔西跑，游山玩水。"我还没玩完呢，再玩一段时间，你先搞吧。"王慧文回答他。

他准备做的事情是创立饭否网。2006 年 6 月，在大洋彼岸，埃文·威廉姆斯和杰克·多西创办了 Twitter，一个只能发送 140 个英文字母的微型博客。这个微型博客吸引了王兴的目光。2007 年 5 月，王兴与穆荣均等人一起，推出了饭否网，一个类似 Twitter 的网站。穆荣均原先在百度工作，收入不错，还有一些股票。王兴邀请他一起创业，穆荣均应允了，他说："王兴对创业表现出一种不会放弃的态度。一个容易撂挑子，或者随便赚一笔就走的人，不容易把事情做好。”

“我不是把创业本身当作一个特怎么样的事情，这只是我选择的生活方式。我没有考虑过如果没有创业会怎么样的问题。创业像是被闪电击中的感觉，非干不可。”王兴说。

2009年上半年，饭否网已经有了上百万的注册用户。和校内网一样，王兴精准的眼光在饭否网上得到验证。这种易于传播消息的微型博客引起了网民们的兴趣。难以避免的，同类的网站也一窝蜂出现了，例如嘀咕网、叽歪网，等等。在汶川大地震等新闻事件里，网民通过饭否网迅速地分享消息。快速、高效的传播方式，也埋下了祸根，它容易触动政府敏感的神经，不利于他们进行网络信息的净化，这会让他们觉得局面失控，倾向于采取激烈的手段来阻止信息传播。2009年6月底，王兴父母去美国探望女儿，王兴送他们到机场，兴奋地说：“网络改变了世界。如果发生重要事情，三四个小时就能传遍世界。”

但是，不久后王兴母亲在美国上网，发现饭否被停了，时间恰好是在新疆“7·5事件”爆发之后。“我很担心王兴，他从小很要强，做事认真，这次对他打击太大，事情做得那么好，却被停了，他的心情可想而知。我让他不要太伤心，他反而安慰我：没事，很快会恢复。”王兴母亲哽咽着说。

王兴他们起初以为过两天就好了，结果开始了漫长的等待。由于这是直接通过运营商将饭否网的IP封掉，王兴他们找到机房服务商，但对方也不太明白。“困难在于，没有一个明确的规则。任何人都没法把这个事情说清楚。”穆荣均说。

王兴说：“其实我还是习惯从自己身上找原因，就是我们确实有做得不足的地方。我们对这个事情的认识没有跟上形势的发展，我们从来不知道自己是在做媒体，我们觉得我们在做一个单面沟通的工具。实际上，它确实成为一个新闻的加速器和放大器，我们在媒体方面没有充分的认识。”穆荣均认为王兴的社会阅历在做饭否网时还不足，没有跟政府打过交道，思虑不全面。在做美团网的时候王兴就很注意了，说美团网是个很和谐的事物。

尽管突遭变故，但王兴他们并未有太大的吃惊，毕竟有过前例，不认为这是完全不可理喻的。一方面，王兴四处寻找关系，另一方面饭否网的团队继续运行，有很多改进任务要做。一开始方向还比较明确，但做完之后，因为没有用户使用，得不到反馈，团队陷入了迷茫状态。

在饭否网员工王悦蒙的眼里，当时的团队是相依为命，“每天都不知道明天或下一周，事情会有怎样的改善”。

奇怪的是，这个团队没有散，停滞期里只有两个人离职。穆荣均说正是王兴的坚持才使得公司没有解散，他觉得王兴的坚持和毅力正是创业所需的最可贵的东西。并且，王兴心态很好，从没有因遭遇某个挫折而睡不着觉，穆荣均自己则会。

只是饭否网何时重开的问题一再拖延，对团队士气也有影响，王兴想不妨找点事情来做。抱着试试看的态度，2009 年 12 月他们讨论起各种路子，12 月底，确定做美团。

“我很幸运，生在中国，生在这个时代。如果早生三十年，我能参与的事情完全不一样。如果不是生在中国，而是利比亚、刚果，那就不一样了。我很庆幸生在这个时代，这是我内心的想法，不是装的。没有什么不值得乐观的，这很简单：有事做、有希望、有人爱。”

2010 年 3 月，美团网一上线，王兴就感觉到“井喷”的快感。这也意味着快速扩张的美团网，对这个从未管理过这么多人的年轻 CEO 提出严峻的挑战。他的创业伙伴们也面临着同样的问题，赖斌强和王慧文关掉自己的淘房网后，来到美团网和王兴一块干。“相对于之前的迷茫来讲，我宁愿选择这种压力。迷茫就很无助，好像用拳头打墙壁一样难受。压力来自于执行力和知识不足，这也是促进我们进步的重要动力。”赖斌强说。

王兴不断地和不同的人聊天，他与腾讯、百度、阿里巴巴的前 COO（首席运营官）都交流过，这些 COO 经历了公司的创业期、高速增长期以及上市期。他还求助于书本，英特尔前 CEO 安迪·格鲁夫、亚马逊创始人杰夫·贝索斯都是他学习的对象。

他认为 CEO 的职责是三件事：第一，设定公司目标和总体战略，并确保传达给执行相关者；第二，招募并留住最优秀的人才；第三，确保公司有足够现金。“其他事情则应该找最专业的、最好的人来做。”王兴说。

在杨锦方的眼里，王兴是一个出色的CEO，战略眼光很精准。杨锦方曾在甲骨文（Oracle）工作过。甲骨文的CEO拉里·埃里森就是战略眼光非常准的人。1976年，埃里森意识到关系型数据库是数据库发展史的转折点，他抓住这个机会，让甲骨文成长为让IBM头痛的对手。“做CEO的人很多，能够这么看问题的，就一个。CEO就是做决策，领导大家往正确方向走，下面有个执行力强的团队。”杨锦方说。

美团网推出“逾期不消费退款”的条款，是王兴做的决策。之前，很多消费者在团购网购买了服务产品，但没有去店里消费。这部分钱就转为团购网站的利润。王兴的“逾期不消费退款”的决策，改变了团购行业的规则。其他团购网站纷纷跟进。“这就是眼光的问题，就是看你能不能发现这一个点对行业带来的改变。”杨锦方说。

创新工场投资总监张亮和王兴一块去柬埔寨旅游，王兴站在水果摊前，拿着一个热带水果翻来覆去地斟酌。张亮后来想：“买一个水果他都想那么多，你能想象他在激烈的市场竞争中，要做出无数个决策，并且持续地做出正确的决策吗？”

长着一张娃娃脸的王兴，当西装套在他瘦削的身体上，有点像小孩穿大人的衣服。再见到他的时候，他穿着蓝色的衬衣、蓝色的牛仔裤，趿拉着一双拖鞋，这样看起来更顺眼，贴合他的气质。他的工位面积和普通员工一样，他面前的台式机保持着老习惯，总是开着二十几个浏览器窗口，笔记本电脑则开着一张中国地图——也许他正在研究美团网下一步该到哪里开疆辟土。他难掩自己的兴奋："2012 年是第二产业 GDP（国内生产总值）高于第三产业的最后一年。经济越发达，第三产业比重越大，中国在这方面还有很大的空间，大时代和我们干的事情是契合的。"2012 年，第二产业增加值占 GDP 的 45.3%，第三产业增加值占 GDP 的 44.6%，只有些微差距。

很多一度干得轰轰烈烈的团购网站都偃旗息鼓了。创业有时候比拼的是谁犯的错误更少，用更少的钱活得更久。在校内网的身上，王兴吸取了教训，一定要给自己留下充足的资金，对现金流要有足够的重视。谨慎控制运营成本，美团网成为运营最健康的团购网站之一，并在 2013年实现年度盈利。在精细化运营的背后是对团购本质的深刻理解。

美团网前市场总监左潇是 Groupon 中国区的第一名员工，2011 年年初去了美团网。他当时跟国内一圈人聊过，觉得还是王兴对团购的本质理解最深刻。美团网的老师、团购鼻祖 Groupon 认为商家第一、消费者第二，在商家身上获取价值，毛利率高达 40%；美团网则认为消费者第一、商家第二，在消费者身上获取价值，毛利低，必须依靠大量消费者购买才能维持这个模式。高毛利的 Groupon 可以雇用麦肯锡、投行的人，开出很高的工资，以粗放式管理快速增长；但是低毛利的美团网必须精细化管理。王兴说："Groupon 花钱太大手大脚了。在高速成长的时候，你在质量、成本、速度中三选二，要舍弃一个。Groupon 舍弃了成本，但由俭入奢易，由奢入俭难，之后要砍掉一些成本就很难。我们自己也没有什么妙方，就是认清团购是长期追求低成本、高效率。”

王兴对团购的深刻理解，源于他的独立思考。2011 年，美团网压力空前，BD（Business Development，商务拓展）部门的员工看到市场部的同事，就问，我们要在线下打广告吗？王兴反问：我们为什么要在线下投广告？你投的是品牌广告，现在的团购市场达到了投品牌广告的成熟度吗？没有，我们还在做最基础的事，投品牌广告的钱肯定白砸了。

王兴的个性是不怕花钱，但心里要有数，必须衡量出效果。他不管别人怎么做，自己有一套判断的标准。美团网找来陈敏鸣负责美团网的在线营销，每位用户来自哪个渠道，一次消费情况、二次消费情况是怎样的，渠道性价比如何，都算得清楚，若要砍掉营销费用，立马知道该砍掉哪个渠道。副总裁王慧文说：“我们把在线投放的钱算清楚了，但不是每个同行都能算清楚，没有算清楚这笔账的同行基本就会在这个环节上被淘汰了。”

“王兴的独立思考能力很强，你在他手底下干活很累，他质疑一切，逻辑性又强，你给他汇报工作必须把逻辑搞得特别清楚，有一点问题都不行。”徐梧说。

别人习以为常的事，他都会琢磨几个为什么？他跟徐梧讨论：一周上五天班合理吗？他告诉徐梧，得分不同国家不同时期来看。“我长这么大，从来没有想过一周上五天是否合理。当时我感觉他思维很新奇，后来多次跟他交流以后，发现这就是独立思考能力，你碰到任何事情，不随波逐流，继续想这件事情应该怎么做。”

我和王兴聊天的时候，他谈到 2013 年春节去缅甸旅游，缅甸的交通规则是右舵右行，每逢游客下大巴，都非常不方便，必须先由导游下车护，以防危险。“生活中很多事情值得琢磨。右舵右行肯定是不合理，但你想过左舵右行和右舵左行，谁更合理吗？”王兴说，“我觉得右舵左行更合理。汽车只有 100 多年的历史，此前是马车，多数人是右撇子，马车夫坐右边挥鞭子更方便。骑马打仗也是，两边对攻，只有右手拿武器，马左行才合理。”

王兴的高中班主任吴老师回忆，王兴独立思考能力很强，学习也很有目的，不功利。他能因为老师多给分数而主动找到老师扣掉分数，尽管这会影响他的成绩排名。他在高二的时候参加了以培养党员为目的党章学习小组，每次都参加小组活动。但后来没有入党。吴老师找到他，他的解释是暂时还不想入党，只是想了解一些共产党的发展历程。吴老师觉得，高三这么紧张，大家都拼命学习，他还去学那些跟高考无关的东西。“他是求真知而不是求分数，一点都不功利，很难得。”

王兴在高中担任班长，当时学校实行一个活动，一些班级可以申请无人监考。当时王兴所在的班是实验班，按理来说应是第一个申请的。但是王兴没有去。吴老师问他，他反而问，为什么要申请？我们本来就没有偷看，无论有没有人监考，对我们来说没有关系，做这个没有意义。尽管后来吴老师说服了自己的学生，但是他意识到“王兴即使当兵都要当有头脑的兵，要知道为谁打仗、为什么打仗”。

2011年某天凌晨两三点，左潇看到王兴急急忙忙地从会议室里出来，满头大汗，似乎有问题正困扰着他。2011年年初美团网不过200人，一年扩张10倍，到年底即2500人。在全国到处开设分站，人员进进出出，这一年6月份，王兴才真正弄清楚公司到底有多少人。比美团更糟糕的团购网站甚至出现吃空饷的问题。

也是2011年的某个周六，美团网高管爬完山之后又回到办公室商量新的晋升通告，从下午六点讨论到凌晨一点。王兴拆分得很细，一条一条地分析为何要晋升这个人，如何晋升。他不仅要知其然，还要知其所以然。在一个成熟的公司里，晋升通告怎么发，是用脚后跟想也想得到的，不需要CEO耗费这么多时间在这上面。干嘉伟说：“你得抓大放小，授权给别人管理。如果每件事都按照这种风格来做，你会累死的。”王兴说：“五六个小时能讨论好，效率是很高了。美团一开始没有建章立制，直到今天也没有完全成型。”

在公司的墙上也能感受到王兴模仿、学习成功企业管理的痕迹。墙上贴着“要么牛逼，要么滚蛋”的标语。这是翻译自Facebook的口号“Go Big or Go Home”。负责移动端的副总裁陈亮说，这个团队的组建遵循亚马逊的观点，即招进来的人，水准应该比现有团队50%的人高。只要按照这个标准，整个团队会越来越强。

在谈到Groupon与美团的差别时，王兴说：“美团是赚钱的，Groupon

是亏钱的。美团在毛利率 7%～8%的情况下赚钱，Groupon 在 40%的高毛利基础上亏钱，这是因为他们没有一个靠谱的 CEO 和团队。”

王兴说：“乔布斯第一次和第二次担任苹果公司 CEO，他的疯狂、执着没有变，只是重返苹果之后管理能力强了很多。”回首过去创业受挫的经历，他说：“我现在管理水平还是处于比较低的段位，但那时候更低。”连续受挫的经历，现在复盘，他认为“首要还是要内心强大”。所以，才有他告诉徐梧，“你知道什么是真正的 Entrepreneur（企业家）精神吗？知道自己的目标是什么，想着如何实现目标，不管自己现在拥有什么，哪怕手上什么都没有”。

他也反思自己第一次失败，校内网因为没有成功融资而陷入财务困境，被迫出售。“企业家精神本质是对机会的追求，（但有可能会）暂时无视自己控制了多少资源。我们认为校内网是很大的机会，当时没有控制足够的资源。有企业家精神还不够，还得学会沟通与容忍。”

徐梧说：“他以前是一个充满热情、非常聪明的创业者，他现在更像企业家了。”他一开始觉得美团网是野路子，现在很多东西变得规范了，他也感觉王兴对美团网的思考更深入：“他现在说美团的愿景是，让人和生意的关系变得更紧密。我第一次见他，他可没说这个。”2012 年年会，王兴在会上讲每天前进 30 公里。2013 年开始做全年的战略，目标更加清晰，拉动全公司做整体目标，树立方法论，拆解到各个部门去完成共同目标。这是 2012 年没有的事。王兴在台上讲的时候，徐梧觉得气势出来了，他觉得这时候的王兴和2008年、2009年的李彦宏有点像，目标导向非常明确。

王兴崇尚理性思考，喜欢把事物拆分到原子层面来思考，探究事物的本质，总结规律。就像中国菜谱和西餐菜谱的差异，前者说“少许盐”，后者说“2克盐”，王兴的思维方式就像西餐菜谱。左潇说：“很多企业家觉得这事差不多靠谱了，想赌一把，就做了；但他一定要用非常清晰的逻辑把这个事弄明白，才会去做。”这有利有弊，公司越大越需要灵魂人物理性思考，不受情绪干扰；弊端在于，难免思考太细，效率过低。

王兴读管理学方面的书，将美团网的实际问题与书上的方法论互相映照。学到方法论，就用于公司管理上。穆荣均举了个例子，现在公司讨论的时候会说，这个事情谁来R？这是运用管理学的RACI模型，R是Responsible，意为谁来负责；A是Accountable，意为谁来授权；C是Consulted，意为向谁咨询；I是Informed，意为通知谁。

他送《领导力梯队》、《格鲁夫给经理人的第一课》等书给管理层，大家研读之后，在会上讨论某件事该怎么处理，他会说：“我们用的是《领导力梯队》第三章第二节有关某某问题的解决方法来处理这个问题。”

“修身齐家治国平天下，齐家的齐是什么意思？”王兴向我抛出一个问题，马上又自问自答，“我看了英文的翻译，齐是Regulate，再译成中文就是治理、监管。齐家就是管好你的直接下属，直接向你汇报的人就那么几个人。现在美团网直接向我汇报的，大概是八九个人。国在春秋战国期间是指一个城邦，齐家和治国的区别就在于，治国是不可能直接管理所有的人。我的理解是先管好自己，再管好身边的直接下属，然后把整个公司管好，最后才能服务好所有的客户。”

他说到“修身”，我突然想到柳传志告诉我的一句话：“以身作则不是建设企业文化最好的办法，而是唯一的办法。”

2012年9月，美团网在北京温都水城举办城市经理誓师大会。BD团队用花轿把王兴抬到台上，他们酒酣耳热，情绪高涨的时候，互相叫嚷着“我们今年业绩一定打败你们”，互相斗起酒来，最后纷纷把酒碗摔在地下。王兴开始愣了一下，左潇问王兴：“你有没有想过有一天会和这样一帮人工作?”王兴说，我知道做O2O（Online To Offline，线上到线下）会需要很多线下的人，但今天这个场景确实没有想到，“很出乎意料，但很有趣”。左潇说：“他是一个观察世界的人，他对online的人观察得很清楚，对offline的人还没怎么观察清楚。这是一个让他近距离观察他们的机会。”

美团网的创始团队基本是做产品经理、工程师出身，是典型的产品经理思维，通过产品直接驱动消费者。但是，这个创始团队对管理BD部门、经营线下业务经验欠缺。公司的意图要传递到商家老板那里，得通过销售副总裁到大区经理到区域经理到城市经理到BD经理到BD再到商家业务人员到店长，最后到老板。这是很长的决策链，与线上的游戏规则完全不一样。

做线上产品的人，是名校出身，要解决问题就坐在办公室里思考，有一张鼠标脸；做线下BD的，往往是大专生，在外奔波，解决问题靠嘴皮靠两条腿，有一张水泥脸。鼠标脸把鼠标做好，水泥脸把水泥做好，都不是难事，最难的是把鼠标脸和水泥脸放在一个屋子里，按照同样的游戏规则，朝同一个目标进发。能够把两种游戏规则都玩得一样好的公司很少见。在国内，阿里巴巴 B2B（Business-to-Business，商对商）是线下强、线上弱，淘宝则是线上强、线下弱。腾讯更不用提，线上很强，做线下的业务就搞一个黄一个。

王兴意识到这是两个不同的世界，他才花那么大的精力把干嘉伟弄过来做美团网的 COO。不过，他可以授权干嘉伟来做，但他同样要花时间了解线下的水泥世界。干嘉伟说：“你不在那个世界里，很难理解那个世界的事。逐级布置任务，但要跨级了解情况，只有直接到一线才能了解你所有的管理要求有没有落地。”

在一个企业里将不同文化背景的人捏合在一起、建立共同的游戏规则是件难事。好在王兴是个对世界充满好奇的人。“很有趣”是王兴常用的评价，他对世界充满了好奇。在温都水城，他看到一位 BD 口才很好，他说：“这人口才太好了，很有趣。”他去中央电视台参加活动，遇到中坤集团董事长黄怒波，他告诉我“黄总是很有趣的人”。王兴发现美团网单子的排序与百度的凤巢系统相关，他就去学习凤巢系统。他为这个公司注入特殊的文化：保持开放的好奇心和快速的学习能力。王兴保持一种比较开放的状态，什么都能接受，允许自然生长。左潇觉得线上线下两种文化在水乳交融，不好说哪种文化占主导。

一家团购网站的高管说："我觉得王兴是产品经理型的人，在他背后应该有一些很强的人在支撑他。我不认为他的战略非常强，美团网强在每条业务线上各司其职的人非常优秀。"投资过拉手网的金沙江创投合伙人朱啸虎，表达过类似的观点，为什么美团网比拉手网做得更好，因为美团网在引进职业经理人上比较成功。王慧文说："我同意他的观点，我们在引进职业经理人上比较成功，本质上与王兴的特点有关系，这导致我们引进得非常谨慎。我们的竞争对手，有的一直没有引进得力的职业经理人，有的则是乱引进。引进一个优秀的高管绝对上一台阶，引进错了就下一个台阶，一进一退差距就拉开了。"

在王兴的办公桌上，摆着一本用联想集团做封面的杂志。他说柳传志很厉害，把建队伍放在定战略前。一般人招聘，就找猎头或者圈内人推荐。王兴首先是读管理学的书，总结人的分类，还要跟很多人聊。他要知其然，更要知其所以然。美团网投资方、红杉资本中国基金董事总经理孙谦很少见到研究得这么细的人："他对感兴趣的事物喜欢研究得很透彻，做决策也很慎重。"

1969 年出生的干嘉伟在美团网属于"高龄"，他原本是阿里巴巴 B2B 负责销售的副总裁，2000 年辞去国营单位的铁饭碗，到阿里巴巴从销售干起，是阿里巴巴的 67 号员工。2011 年 7 月，王兴完成第二轮融资，其中有阿里巴巴。当时王兴受困于 BD 团队如何管理，竞争对手的挖人让他烦不胜烦，阿里巴巴的投资人就建议他去请教实战经验丰富的干嘉伟。在杭州阿里巴巴的办公室里，干嘉伟告诉王兴："长出来的肉才是自己的肉，在别人身上挖一块肉贴在身上也长不成自己的肉。"之后又见了两次面，9 月王兴南下杭州，专程请干嘉伟吃饭，正式邀请对方到美团网工作。

要打动干嘉伟很难，他在阿里巴巴资历老、收入丰厚，家也安在杭州，放弃这一切独身北上，很难。也有其他团购网站找上干嘉伟，但他不愿见面，他的逻辑很简单，网站在线下打明星代言的广告，肯定有问题。2000 年他进阿里巴巴，正赶上第一次互联网泡沫，许多公司拼命烧钱打广告，后来这些公司都消失了。"这场景太熟悉了，我就想，又来了，肯定不靠谱。"

历时 5 个月，王兴终于说服干嘉伟担任美团网的 COO 一职，负责管理 BD 团队。干嘉伟说："我不相信一个人赶上好时代就能把事情做起来，我相信事情是一步步干出来的。王兴务实严谨，这一点吸引了我。"在去美团网之前，他在杭州观摩美团网城市经理的交流会，坐在最后一排看台上的年轻人情绪高涨，依稀看到了十年前的阿里巴巴人。"我过去十年的这些经验，如果用到这批人身上，应该会很有成就感。"

干嘉伟来了之后，销售团队更有底气了。王慧文玩《三国志》游戏，当时不理解为何"士气"这个参数变零，无论你还有多少兵只当你输了。直到带上这么大的队伍，才理解到士气的重要性。同样一句话，有成功经验的人说出来的底气与没有成功经验的人说出来是不一样的。总部制定的打法，如果人没有信心，执行起来就打折扣。干嘉伟带了十年的销售队伍，大家对他信心十足。

2011 年 11 月，干嘉伟来的时候正是团购行业跌入低谷之时。“我相信我的判断，我看好这个行业，认同这帮人。再好的行业里，也有做倒闭的企业，你在烂的行业里，也有机会做成功的企业。”

美团员工谭晨辉说：“很多人怀有远大的梦想，不只是奔着钱去的人，更愿意跟王兴创造一个伟大的公司。王兴在这方面的感召力越来越强，这是企业灵魂人物需要具备的。”干嘉伟说，美团网做成的几率很大，但最终能做得多大，跟灵魂人物的眼光和胸怀有关系。你能看得多远，你能装下多少人。

美团网创业第一年，王兴每周工作时长达到一百多个小时。他楼下有理发店，剪头发需要花一个小时。为了节省时间，他买来电动理发器，让妻子给自己剃了个光头，只花了 20 分钟。即使现在，王兴每晚还是工作到十二点以后。他大概有三分之一的时间在关注、研究新事物，他多年的习惯是开上一二十个浏览器窗口，若有值得关注的新动态，就会发给公司里的人看。Groupon 并购雅虎移动的一个小团队，这个信息王兴发给副总裁陈亮，让他更深入了解一下。王兴说：“我不太担心现有的竞争对手，我们跑得更快。我在思考，有没有更新的模式，如果要革命，我希望是自己革自己的命。我始终战战兢兢，如履薄冰。”

在美团网办公室的墙上，贴着一张海报，上面“纵情向前”四个字吸引了我，这是美团网的口号。这原本是美团网顾问马占凯打算用在自己文章里的，完整的话是“既往不恋，纵情向前”。马占凯觉得这句话很适合王兴，就送给了他。王兴将这话放进了公司的企业文化里。一位大区经理认为：“这话太激励人了，有着一往无前的魄力，过去无论是成功还是失败都抛弃掉。”

刘强东

扬帆出海

“已经决定的事，不可以改变。随随便便屈服，就会不断给自己找理由。”

京杭大运河水波悠悠，每逢寒暑假，年少的刘强东跟随他的父母跑船，从徐州把煤炭、沙子运到扬州，再把扬州的瓷器运到徐州，全程三四百公里。家里的第一艘船，是 1983 年花了 2000 元买来的排水量 9 吨的水泥船。后来，每隔几年，就换一艘大一点的，20 吨、80 吨、100 多吨直到 500 吨。1999 年，刘强东的父母卖掉了船，不再干了。

跑船的时候，刘强东就想，为什么家里不建立船行，买入很多条船？父母这种家庭式的作坊，永远是一条船，做不大。他希望自己未来能够有几百条、上千条船，开进大海里。这个念头他告诉了父母，但他们觉得这孩子疯了，一笑了之。

十年前，刘强东的梦想是“2010 年能超过 1000 名员工，销售额过百亿”，原以为这个梦想很遥远，实现概率很小，现在他回头看，“100 亿不算什么。”2013 年，京东交易额超过 1000 亿元。

京东的投资方、今日资本总裁徐新说："造就一个10亿美元的公司需要三代人。将三代人的努力，压缩到几年时间。苏宁做到100亿花了多少时间？这对企业家的意志力、管理能力、心胸都是很大的考验，现在老刘头发都白了。"

徐新第一次见刘强东，在北京香格里拉酒店，凌晨两点。刘强东要200万美元，徐新说不够，给1000万美元。刘强东给她留下的第一印象是"诚信，让人放心"，并且"挺有抱负，只有第一，没有第二"。京东的数据让她觉得不错，没花一分钱的广告，每月增长超过10%。当时公司的ERP（企业资源计划）系统是刘强东自己设计的，财务系统不是很规范。徐新她们抽查他的存货和现金，对得上号。她又和京东老员工孙加明等聊天，发现员工发自内心认同刘强东，干得玩命。虽然是一家小公司，每周六还有例会。"这是一个有忠诚度、有执行力的公司。"

2003年"非典"期间，京东12个店都暂停营业，员工不用上班了。中关村所有电脑产品价格下降，幅度是30%～40%。21天，京东亏了800多万，刘强东手上的资金也不过两三千万。当时人心惶惶，谁都在想这次灾难可能要半年、一年才能过去。刘强东坐在办公室里想，再过两三个月公司就会死掉了。大家开会讨论怎么办，不能坐以待毙。一位同事提出来，不能见面交易的话，为什么不能通过互联网交易呢？

"所以是偶然，才有了今天的京东。"当时，刘强东做的就是今天宏图三胞所做的模式，计划到2010年开上三四百家连锁店。"那就是宏图三胞和京东打架，而不是当当和京东打架。”刘强东说。他说这话的时候是2011年3月，一年半之后，当当已经不是他的对手，对手换成了苏宁。

受助于中国经济繁荣与资本的推动，正是2003年“非典”之后，电商行业每年百分百增长，京东恰逢其会。2006年，京东尚在使用二级域名shop.jdlaser.com。当时选择从电器品类切入的电商有京东和世纪电器城（后改名为库巴网）。世纪电器城选择从大家电切入，而京东选择从IT产品切入。IT产品是常用、常更换的品类，市场容量大，口碑的辐射能力也好，用户买到低价产品的话乐意在朋友圈里扩散消息，用户的获取成本降低。网民本身喜欢买IT产品，用户转化率高。

零售有三个问题要解决：买得便宜、买得放心、买得方便，本质上京东就是在解决这三个问题。淘宝解决了第一和第三个，解决得很极致，但是没有解决第二个。在拿到今日资本的1000万美元投资后，京东获得超常规的发展。

2008年金融危机发生，很多谈得好的投资都打消了意向。徐新又给了刘强东800万美元，“刘强东不安全感很强烈，为了投资，他两天睡不着觉”。

当时，当当保守，没有融钱；卓越靠着亚马逊，母公司在美国受金融危机影响大，资金紧张，把中国市场预算砍得很低。同期竞争对手收缩银根的时候，京东的钱变得更值钱了。2008年，刘强东决定做物流。“他为什么敢在物流上花那么多钱？没有亚马逊的成功案例，他如何说服投资者，还得烧5年的钱?”

在金融危机过去之后,发现中国没事,经济继续繁荣。风投迫切需要下一个投资热点,内需与互联网相结合,自然地想到电商。2009年、2010年大量的资金涌入电商,以亏损换规模。线上零售有足够的爆发性,有着非常好的想象空间。中国需要先进的零售模式代替原有的落后的零售业。投资人愿意去赌。

2014年1月30日,京东正式向美国证券交易委员会递交IPO招股书,计划赴美上市,最高融资15亿美元。招股书显示,京东从2011年到2013年第三季度累计融资18亿美元。

刘强东做了两次大的战略决策:2007年决定从3C转为全品类和2008年自建物流。从3C转为全品类,这是他做京东以来遇到阻力最大的一次,所有的投资人都反对。管理层内部也是微弱多数取胜,11个部门经理,6个同意。

京东的节奏把握得很好,先切入IT产品,维持小规模的亏损,等拿到大投资之后,就开始大范围地扩张品类,先数码通信,再小家电,再大家电,再百货,再图书。它顺应了网民需求的大势、顺应了电商的大势,市场在哪就做到哪。

刘强东打算做百货,先小批量地上。高管们反对,3C还没做好呢,你看做3C的新蛋不是很好吗?NALA创始人刘勇明发文章说,准备结婚,在京东买彩电结果是破的。刘强东给刘勇明家里打电话道歉。刘勇明曾在韩国留过学，在这篇文章里，他提到韩国是电商最发达的国家，于是刘强东就安排当时的京东总裁助理刘爽去韩国考察，回来写一份详细的报告，结论是：百货是比 3C 更大的品类。

刘强东将报告发给所有高管以及投资方，2009 年 6 月就开始大规模上百货。当年做了 1 亿元，2010 年京东百货品类销售额是 7 亿元，2011 年是 30 亿元，增长速度高于京东整体的增长速度，增长率超过 400%。

京东董事会共 9 个席位，投资方有 4 个，刘强东有 5 个投票权。“如果你说服不了我，我说服不了你，我们就投票，按游戏规则办。”他保持着对公司强有力的控制。“创业公司必须有一个对公司有绝对控制能力的人，才能保证公司的高速增长。投资人投票权太多，就没有人做决策。谁说了也不算的公司，那就得完蛋了。”

2007 年“6·18”店庆日之后，京东采销部步入规范化的流程——之前，可以付支票，可以银行转账，也可以付现金，财务流程不是那么规范。2008 年，提升供应商等级。那时候还有很多小型的供应商，不能完全保证产品质量，供货也不稳定。京东希望保证正品，剔除了一大批小供应商。2010 年，京东所有产品升级到与厂家直接对接——可以跟总代理商提货，但采销部直接跟厂家沟通。2011 年到 2012 年，直接从厂家定制京东专供产品。

在这个过程中，京东是一路战斗过来。刘强东说：“早期跟品牌厂商直接合作，厂商不愿意，有的厂商连代理商都不合作。我还是强调规模效益，没有规模，什么都没有。我不着急，努力做，量再翻两倍，再找人谈，如果觉得我们还是太小，没关系，再翻两倍。当我的量占到10%、20%的时候，你不谈也得谈。我不找你，你也得找我。”

不过三四年的时间，地位就发生逆转。这就是商业的力量。

1998年刘强东创业，做光磁产品。最艰难的是什么都没有——钱没有，进货渠道没有，客户没有，技术没有，人也没有。3个月之后，好了很多。他吸引客户的方式就是，明码标价，价格低，不讲价。客户见不讲价，扭头就走，不过在外面转一圈又回来了，因为这里价格合理。刘强东的店开始有了口碑，口口相传，他也开始招人。

先是一个柜台，后来增加到两个、三个、五个，做全国光磁产品的批发。从1999年到2001年，刘强东大概赚了一千来万。“第一要专注；第二要形成规模，有一定的行业控制力才行。如果你的销售只占全国市场的2%，那你永远没有话语权。”

“你不能老指望暴利，我们从创业开始到现在，从来没有暴利的概念。中关村很多商家最大的问题是什么？老想着暴利，老想着在哪儿拿一个五千万的单子，挣两千万。我们从创业第一天到今天为止，细水长流、薄利多销、规模为首。”

十几年来，刘强东一直执行“低价、快速”的打法，所向披靡。原来北斗手机网卖手机在全国数一数二。京东从那里进货，一台贴20元往外卖。北斗手机网的人开始还很高兴，后来发现自己的客流量再也上不去了，用户都去京东买手机了。

2009 年 5 月，京东和跟他规模差不多的新蛋打价格战，被后者压得很厉害。这两家品类重合度高、用户重合度也高。京东因为成长需求大、压力大，品类扩张快，而新蛋有些品类不能做，美国老板不了解中国，不想打价格战，每次扩张比京东要晚半年，加上新蛋中国区负责人老换。到年底，京东甩掉了新蛋。

2012 年 8 月 14 日，刘强东在微博上挑起战火，他宣布京东的大家电价格将比苏宁、国美实体店的价格低。这激怒了对方，苏宁易购的团队成员平均年龄是 23 岁，恨不得拎着板砖上。战火立即蔓延，苏宁易购、国美、库巴网、当当、天猫等都加入混战。史称 8·15 价格战。

当天，刘强东在晨会上要求，所有管理人员停止休假、请假，到达岗位。当晚，除了在美国的 COO 沈皓瑜，正在往北京赶回来的飞机上，其他高管都到岗。8 月 15 日凌晨，COO 在首都国际机场落地。“八年来，我们天天跟人打仗，没仗打团队都要蔫了。战争一来，大家就跟打了鸡血一样。”

派代网总裁邢孔育说：“淘宝是电商体量最大的，占了 70%～80%的份额。为什么大家都会认为京东是敌人呢？这是一个问题。这也许跟刘强东的个性、跟京东的核心团队有关。这对京东没有什么好处。”

从 1999 年租用北大资源集团 22 平方米的办公室、员工 6 个人，到如今拥有 3.8 万名员工、其中配送员 18000 人，京东一路高速奔驰，尤其是最近几年，简直是疯狂的赛车。何以能如此高速扩张?

“我们的 8 小时，和别人的 8 小时不一样的。”刘爽说。他在的那两年，每到吸烟室抽烟，和同事都在谈工作，从来没有闲聊放松。徐雷身为副总裁，每天早晨 7 点 50 分到，晚上 10 点离开。京东办公室里“只争第一、不做第二”、“战斗！战斗！战斗!”的标语，给很多第一次到京东的人留下深刻印象。

这是一个执行力超强的公司，首先来自于刘强东本人的执行力。刘强东从不迟到，创业 14 年，只要他在北京，每天早晨 8 点半（原来是 8 点 15 分）的晨会他必参加。

京东最早使用的 IT 系统是由刘强东自己开发的，到 2008 年就顶不住了。高级副总裁李大学租了一套别墅，带着十几个人在别墅里打地铺，重新做一套系统，连做了 3 个月，每天只睡三四个小时。这套系统设计容量是 10 万单，当时京东一天的订单不过 5000 单。他们觉得，10 万单是一个很了不得的数字。2008 年 11 月 1 日，新系统上线，京东马上冲到 1 万单。这是京东系统的第一次架构整体调整。

2011 年的峰值是 50 万单。原有的设计量 10 万单已经顶不住了。李大学再次做架构升级调整，按既定计划在 2012 年春节完成。但是，在 2011 年 11 月 1 日图书促销的那一天，系统瘫痪了。当天是图书部门的店庆日，做了 3 小时的限时促销。很多用户事先将要买的书放进购物车里，一到活动时间就开始提交。瞬间流量冲高，一下子达到 1 秒 10 万单，系统分辨不出书的库存情况，下不了订单的用户不断刷库存，系统就瘫痪了。

不少用户在微博上留言骂刘强东。刘强东也很生气，在他的办公桌摆了两把刀、两杯茶，请负责 IT 前端的李大学、负责 IT 后端的姜海东喝茶。系统瘫痪的主要责任在李大学，他当时在外出差，躲过一劫。回到北京之后，他到刘强东那里领罪：架构升级没做好、业务对接也没做好。

“我们对业务有快速发展的欲望，但技术很多时候是瓶颈。”李大学说，“我相当于在给一辆高速奔驰的赛车换轮胎，这是我最大的挑战。”2012 年 4 月底，新系统上线，设计量是 1000 万单，李大学估计 3 年内没有问题。

将系统搞瘫痪的那次，是图书促销活动弄出的动静。2010 年 5 月，亚马逊中国图书业务的负责人石涛加入京东，担任副总裁，启动京东的图书业务。加入之后，他组建团队，到 8 月份，采购团队 8 个人，用了 3 个月时间与 500 家供应商签约。2006 年到 2007 年，亚马逊中国签了 200 多家供应商，当时石涛认为是奇迹。但是在京东，速度更快。

“图书是战略品类，我们要给消费者提供全方位的服务。虽然你 3C 卖得很好，但要买图书的消费者在你这儿满足不了需求，自然到又卖图书又卖 3C 的亚马逊去。你必须让消费者在这里买到他所有想买的东西。”石涛说。

图书产品标准化程度非常高，在搜索、浏览的效率上高于其他产品，在 Google、百度上的搜索优化有特别好的作用，吸引新用户。来京东商城买书的、初次注册的用户会在接下来的三个月到半年的时间段里买手机、买电脑，然后买电脑外围设备，接着买日用百货和服装。

在图书价格战上，当当做得久，垄断上游产品资源，做独家合作，保持品种上的优势、保证利润。亚马逊的态度则是，谁卖低价，我就跟进。它的长期策略是让用户感到这是一家天天低价的公司，不会主动做大型降价活动，也不会在宣传推广上有很大动作。京东则认为，竞争市场上定价权是最重要的资源和力量，作为新来者，得以激进的方式做。规模大了之后，竞争策略就变了，更重视用户体验。石涛说："对手 5 折封顶，我们就 4.8 折封顶，必须压过他们。原来的主要竞争对手是当当，现在，再跟它打没有意义了。图书在完成公司毛利指标的情况下保持价格最优，就可以了。"

华平投资顾问黄若说："我很佩服老刘，他就是一个战士，勇敢、敢冲敢打。"他 2011 年 6 月离开当当，当时当当股价 19 美元，毛利率 20%，费用率 17.5%，净利率 2.5%。之后，当当不顾一切地做规模，与京东正面打价格战，毛利率降为 14%、费用率升为 24.2%，股价下跌至 5 美元。

互联网观察家洪波说："京东充满草根色彩，在草创阶段雷厉风行做决策很快。刘强东从游击队做起，变成正规军，领军打仗能力是不是适配正规军规模化作战？这对他是巨大的挑战。"

2012 年 8 月 17 日晚上 6 点半，亚运村的渔公渔婆餐厅，6 张圆桌，每桌摆着一瓶江苏宿迁出产的 52° 洋河蓝色经典，以及一小堆果冻。当天晚上，刘强东宴请在京东工作五年的老员工，超过五年或者不足五年的员工都没来。刘强东穿着白色棉短衫、蓝色长裤、黑色胶底鞋走进餐厅，他挨个地和在座的80来名员工握手、寒暄，清楚地叫出每名员工的部门和名字。就座之后，每个人拿起果冻，吃掉果冻，留下盒子做酒杯。这是京东特有的传统。

刘强东端起果冻盒子，说："五年了，感谢大家。刚来时，每年我和大家喝几次酒。现在别说喝酒，连一年见一次面都难。我不多说了，五年前，我们在苏州街，是一家小公司；五年后的今天，我们已经在国内成了比较知名的企业。我相信，下一个五年，京东一定能成为一家了不起的、令人尊敬的企业。单身的同事，希望在下一个五年找到另一半。已经结婚的，希望下一个五年，要个孩子。"他声音厚实，中气很足，略带鼻音。

他绕着圈和每位员工碰杯。他对一位老员工说："我们有两年没见面了吧？"那人说："三年了。"闲聊时，他提起："咱们都是三十好几的人了，得注意身体。我现在每天跑三到五公里，哪怕晚上十二点到家，也会跑步。"

到尾声，开始抽奖，总共10个iPad 2、10个iPhone 4S、1个五万元的现金大奖。配送员刘小明是2007年6月加入京东的，喝得略微高了，他说："我来五年了，还没中过奖呢。"刘强东立即奖了他一个iPhone。他激动地抱住了刘强东。显然，刘强东能和基层员工打成一片。

老员工告诉我，他们都叫刘强东"老刘"。"我在外面见到老刘，点点头就干自己的事去，不会主动招呼。老刘也不介意这事。”

我与刘强东多次接触，也觉得他说话平缓，性格温和、朴实。我去宿迁他老家探访，邻居都说他是温和、从不与人争吵的少年。这与他在微博激烈、嚣张的形象有鲜明的反差。我在想，是不是京东一路顺当疯狂的增长，让他也有自我膨胀，而恶劣的生存环境的挤压也让他变得尖锐起来？

2007 年，京东采销部还是手工做订单，自己负责收货。他们一天的工作流程是：早晨打电话谈价格、谈货源，做订单。中午收货，一直收到下午下班时候，打包。小代理商直接将货拉到位于北京苏州街的银枫大厦楼底，仓库的员工开着金杯车过来拉货，采销部的同事还得帮忙将货装上车。晚上就处理杂事，例如回复客户评论。工作时间是早晨八点到晚上十点，刘强东工作到更晚。通常，他们下班的时候买个煎饼凑合吃。刘强东经常请他们吃饭。在饭桌上，员工会向刘强东说一些事，问一些问题。他总是在听，很少说话。事后，员工会发现，他提的问题很快就解决了。通常基层发现流程上的问题，需要其他部门配合改进，他们又没有足够的权限——饭桌成了另一条渠道。

每次不管喝到多晚，喝了多少——刘强东往往是喝得最多的人，第二天早晨，他必然准时出现在公司开晨会，到公司的前十名员工必然有他。这是无形的压力，老员工说，我喝多了难受、想赖床的时候，想到老板喝得比我还多，就会坚持不迟到。

刘强东上初中的时候，看到《中国青年报》、《参考消息》上的报道，国外的孩子上大学就去打工挣生活费。他决意也如此。1992年，他怀揣500元来到北京，当时国家每个月发97元生活费，他做家教、推销图书、卖电脑，一个月能赚几百元，食堂的伙食一顿也不过1.5元。1996年春节期间，从腊月廿八日起到大年初一，他身上就1.4元钱。断粮就只能忍着，大年初一他去朋友家解决肚子问题，从人民大学步行七八公里到体育大学，当时下着雪，吃了两顿饭之后又步行回到宿舍。“我可以向父母要钱，但我没有要。已经决定的事，不可以改变。随随便便屈服，就会不断给自己找理由。”

一位老员工说：“酒文化，第一是敢不敢，哪怕只有一杯啤酒的量也得有胆量端起白酒和人喝。京东的人得有血性，不顾忌后果，先实现目的，再处理后续问题。第二是说不说，得清晰表达自己的想法、也听到别人的想法。酒文化的精髓在于‘沟通’。掏心窝子说话，工作上有冲突，有业绩上的竞争，有摩擦，喝酒的时候，你揍我两个，我捶你两下，就过去了。”

刘强东和基层员工喝酒，从不让高管跟着，让基层在酒桌上畅所欲言。“他特别体恤基层心情，基层干活特别卖力。支撑这个公司的是基层，基层不乱，上面几个管理者调整又怎样呢?”刘爽说。

2007年8月，刘爽作为一家公司负责线上市场的人，参加了京东的网友见面会，他自己本身也是京东的用户。他向刘强东提问：2006年你的销售额才8000万，2007年的目标就是3.4亿元，你是不是被逼的，跟人签了对赌协议？他的问题让刘强东下不了台。这一次见面，刘强东给他的印象是，有大格局的人，京东势头挡不住。刘强东谈品类、谈物流，考虑的是未来的布局，而非是一个小老板常琢磨的利润。2009年春节后，刘爽加入京东，做刘强东助理，准备筹建战略发展部。刘强东有危机感，公司大了需要有人旁观，一是看未来行业走向、竞争格局，京东该怎么走；二是看看内部有啥问题。

京东是个务实的公司，管理层崇尚埋头苦干，不看别人，只跟自己比。刘爽的职位“务虚”，高管们不大看得上：你有真本事就跟我们一块卖东西、打仗。刘爽做了一份人力配比合理性的报告，发给高管们整改，有人嫌他指手画脚。刘爽并未告诉刘强东，但刘强东知道了，在第二天的晨会上，对在座的20多名高管说：这个职位很重要，以后还要成立部门，大家不要对他有看法，要配合他的工作。当时刘爽入职不到一个月。刘爽很震惊，事后还写了一封邮件对刘强东：您找我来是帮您解决问题的，不是给您添麻烦的。我很感激您，但以后不要再这么做了，我自己和他们磨合。

刘强东是一个典型的权威型领导。在图书业务上线之前，相关的运营、配送、仓储、IT、财务等部门的横向支持存在一些问题。石涛找到刘强东，召集相关部门召开一个上线前的决策会。共有几百人参加，全国各分部进行视频会议。刘强东以一两分钟解决一个问题的速度，在两小时内解决了三四十个问题。

例如，按照京东原有的站板，只能收一百个货。收货后，上传到ERP，用户才能看到库存、才能购买。一百个货的规格，对于图书来说存在很大问题。在会上，刘强东拍板改为一个站板可以收一千个货。

原来的IT系统设定给供应商下订单的时候，不能超过1000种商品。但图书是海量品种，一个出版社一下子给10000种，得下十张订单。要打开限制的话，IT部门的人是绝对不会做的，他就告诉你只能下1000种的订单。“你就只给我图书打开限制行不行？他说不行，要刘总同意。”刘强东在会上说：“有多少下多少，把限制打开。”按石涛在亚马逊的经验，像这种事会讨论很久。2007年亚马逊做系统迁移，用了半年时间才让亚马逊的运营系统迁移到卓越这边来。“（刘强东）他对系统和架构很了解，亚马逊换了很多拨人，有些开发的人离开了，倒腾起来非常麻烦。”

刘强东是个强势的领导、快速决策。多数时候决策是正确的，有些则被证明存在问题，他也会公开承认错误。刘强东参与第一线的经营管理，跑各大分公司仓库，对细节、流程密切关注。“他抓战略决策与细节这两头，中间归管理层以及员工。”

刘强东说：“战略和用户体验这两块，绝对要独裁。作为独裁者，要确保所有人不能糊弄用户体验，这条红线不能碰；确保战略路线清晰，所有人不能脱离公司的战略目标。”

权威型领导的公司，战斗力强，在业务小的时候，执行力很高。但在消费者多样化、竞争加剧的时候，决策就容易出现偏差。这是权威型领导公司在企业文化上的缺陷。

刘强东不喜欢广告联盟，不想市场部在这方面花钱。刘爽觉得这是意气用事，想说服刘强东。老刘是一个很难被说服的人，坦白自己就是不喜欢，说：你不要再和我争了。刘爽跟他争，最后他说，你做一个数据分析吧。市场部暂停了一个月的广告联盟，竞争对手新蛋用户涨了一大块。徐雷和刘爽再找到刘强东，刘强东认可了这份报告。“很多人觉得老刘不听意见，不完全是这样。你得让他瞧得起你，还必须说得有道理。”刘爽说。

刘强东对高管要求严格，管理层压力很大。李大学说：“2008 年的刘强东，还是容易生气的人，在会上严厉批评人，发火的时候还会摔杯子。现在，他学会控制情绪，会给人改进的机会。”

我问刘强东，你觉得下属对你是什么感觉啊？他说：“我觉得是因为尊重而产生的害怕。”刘强东性情中人，喜欢刺激，有冲劲，做事不顾情面。如果经理做错了事，刘强东不管旁边还有经理的下属、不会顾忌经理的面子，直接告诉对方，你做错了。

对于一家短短几年扩张到 38000 名员工的公司，价值观的传承是一个问题。IT 采销部门不足 200 人，贡献了京东 40%的营业额。这个团队是最稳定的团队，一直保留了京东的价值观与风格。2011 年京东在北京龙脉温泉举办年会，共 1000 多名员工。刘强东和其他部门是拿果冻杯喝酒，到 IT 采销部换成碗，斟上满满一碗酒。

“刘强东是价值观很正的人，对吃回扣是零容忍。”刘爽说。家电部门曾经被发现过，整个部门开掉十多个人。哪怕这个部门的业务只能抽调其他部门的人去支援。后来，全公司的人签订反腐协议。

在 IT 部门也发生过两次开除。为了避免行贿受贿的事，京东采取了采销分离的模式，采购有他的考核指标，销售是另外的考核指标，互相监督。采购的价格高，销售卖不出去，影响业绩，就会过来压采购。

京东设置了监察部门，向所有合作伙伴，发放反腐手册、签订反腐协议。在深圳的供应商举报，当地某个负责大家电采购的管理人员和另一家供应商吃晚饭。按照京东规定，员工可以接受供应商的宴请，但必须向上级请示、向行政部门备案。被举报的这位员工恰好没有这么做。虽然他吃的只是大排档，几十元的蟹肉粥。查实之后，此人被开除。另外，部门被罚款五万元，这五万元作为奖励给了举报人员。

每年，刘强东要进行长达十多天的沙漠穿越。他开车很猛，徐新不敢坐他的车。在这十多天里，他接不到来自高管的电话。“公司有清晰的授权模式，只要他们有人事权和财务权，就能全权处理业务。”刘强东说。

穿越沙漠是他释放压力、把心静下来的方式。天很蓝，黄沙无垠。没有手机信号，没有互联网，清静，没有杂音。“人在沙漠就跟一粒沙一样。”他第一次正式穿越沙漠是 2008 年 5 月 1 日，在内蒙古科尔沁。车的四个轮子陷在沙子里，没法开出来。队友们围上来，五六个人花了两个多小时，硬生生地把车轮从沙里挖出来。大家都是各个公司的高管，平时也不干什么体力活。在这种极端环境里，人与人之间没有互助精神的话，寸步难行。“这震撼了我，强化我对团队的认识。”

十五年来，刘强东七点抵达公司，主持八点的晨会。2013 年他罕见地长时间缺席晨会，高管有时候只能在电话或者视频里捕捉他的存在。4月到8月这5个月的时间刘强东只有5个星期在国内。8月下旬再去美国一直到当年底才回国。他对高管们开玩笑说，你们要利用好我在公司这一个月的现场办公时间。他出国学习新知识、新思想、新技术，一方面是为了京东更远的布局；另一方面是他骨子里想放权。

最好的放权方式是离开公司，给高管和自己留下空间。他在的时候，虽然有各种授权体系，也免不了在办公室闲着没事干，跳出来干涉同事工作；也免不了同事会说，老刘在，过来聊聊。他在国外学习，因为时差打电话沟通麻烦，双方养成我不找你，你不找我的惯性。

2013年京东启动人才盘点制度，CFO（首席财务官）、CMO、CHO（首席人力资源官）等坐在一起盘点30多位VP（Vice President，副总裁），这些VP大多数是刘强东亲手带出来的，最清楚他们的秉性和能力。身为观摩人的刘强东，看CXO们评分、争论，他好几次话到嘴边，又喝点水把话给吞下去了。只有在盘点7—9分的高潜能VP，人数比预计的多，某位CXO就说，这样吧，把我的人给拉下来。刘强东说，对不起，我要实行否决权，只要他真的是这个分数，就让他待在这里，我不同意你做让步。这是长达6小时的盘点中，他唯一一次使用自己的否决权。

这次人才盘点，是交人事权。刘强东知道交权的关键是管好自己的嘴，一定不能先说。如果他先说，就定性了。按照过去的性子，别人意见和他不一样，他会马上说出来，现在他学会了忍耐。2013年8月在九寨沟召开的半年经营会，京东 CHO 隆雨发现刘强东的改变，原来讨论战略的时候他会很快表达自己的观点，现在他等所有人讲完他才说。

京东还在苏州街银丰大厦办公的时候，与某家小家电厂家合作，需要支付 500 万元的预付款。京东通讯采销事业部总经理王笑松忐忑不安，去请示刘强东。刘强东看了他一眼，问：为什么付款单要让我签字？王笑松回答：这个金额大。刘强东慢慢地说，我有告诉过你，你的签字权限是多少吗？王笑松回答：没有。刘强东说，那就行了，你可以走了。当时王笑松没有反应过来，站在那里发呆，刘强东就有点不耐烦了：你签字财务给钱就行了，不用问我。在出门的那一刻，王笑松心里想到一句话："士为知己者死。"

在银丰大厦的时候，老刘每天巡场办公室，看看大家的工作状态，问问销售数据。原先采销、营销部门开会，直接向刘强东汇报，他会关注每个采销战术、营销策略的拟定，关注京东的竞争对手；搬到北辰之后，他对具体业务的关注越来越少；CXO 层级的高管逐渐到位之后，他几乎不过问了，VP 和他沟通的机会也越来越少。他有意识地控制自己不要进入细节管理。2012 年 8 月 15 日，刘强东亲自发微博，挑起与国美、苏宁的价格战。到 2013 年 8 月，他已经有半年时间没有关注国内的事。

王笑松 2008 年 1 月到京东，那时候公司很小，事情多且杂，他看得出刘强东遇事有压力、会着急。高级副总裁徐雷评价刘强东是理性和感性非常突出的人，思考业务是理性的，面对好事或者坏事的时候会流露出激烈的情绪：很开心或者很不开心。现在，刘强东感觉自己最大的变化在于心态越来越平和，想不起来这半年让他特别生气、开心、激动的事，公司的重大事件也不能让他的内心激起波澜。

徐雷接触的电商老板里，最熟悉业务细节的是刘强东，库房打包的流程、ERP 的设计逻辑他都参与了。好处在于，他真的懂业务，不会提出让你啼笑皆非的问题。不好的地方在于，京东盘子这么大，他了解百分之七八十，但他有可能惯性地认为自己了解百分百，并基于这点做出判断。所以他需要在业务细节里抽身出来，放权，通过组织架构将各层级的责任和权力统一起来。刘强东现在最大的挑战在于收放的度。他很早就有意识，这家公司他该放一放。他反复强调，太细的东西我就不参与了，你们自己定。有时候他又会很自然地插手一些具体的细节里。2013 年 5 月中旬刘强东回国一周，开会的时候他顺口问一句，"6·18" 准备得怎么样了？原来每年 "6·18" 店庆，刘强东都在公司盯着，看抢购怎么样、流量怎么样。2013 年他全在外面，只在 5 月的会上提了一个建议，增加一个抽奖活动吧。为了这句话，徐雷他们搞了 "iPhone1999、iPad1999" 的抽奖活动，开支增加几千万元。这是只有刘强东能提的建议。2010 年 "6·18" 非常火爆，刘强东还觉得不爽，搞了一个抢购活动，投入 100 万元。现在，一句话几千万元。

徐雷说，"我们都知道他在纠结，我们也在帮他。我们不会说你又怎么扎进来了，人都有这个过程，我们能理解。在合适的时候我们也会告诉他，这是不是太细了?”负责家电的副总裁闫小兵说，从放权的角度来说，不管那么多细节，需要勇气和魄力，他曾经事无巨细地管过，忽然有意识地控制自己不管，是一种挑战。刘强东几次开会就说，每个人有自己的权限，权限范围内的事别请示，不需要解释。如果请示了不会表扬你，反而会劈头盖脸地批评一顿。

2008 年到 2013 年，京东员工数量从两三百人扩张至 3.8 万人。这在中国企业界是罕见的案例，联想用了 28 年才让公司员工数量达到 35000 人。这家 2013 年交易额超过 1000 亿元的电商公司，已经不是个人英雄主义就能带领这家公司完成使命的了，也不是依赖明君似的体察入微维系一家公司的健康运转。30 人的时候可以获得每一个细节；几百人的时候，你很累但你还有很多东西不了解不可控，结果不满意。到 3000 人的时候，除了关于人的事情，其他事情你已经很难做了。刘强东原来更关心 What，现在更关心 Who。原来是我要做这个事，找到合适的人来做，实在找不到就自己做。现在是先想找什么样的人，这些人会思考什么是对的事，如何把事做好。

2007 年，京东只有两百来人，刘强东对 VC 都不怎么了解，对能够给他提供任何方面知识和经验的人，表现出如饥似渴的状态。这一年引入京东第一位 VP 严晓青；2008 年，李大学成为第二位 VP；2009 年，徐雷是第三位 VP。2009 年到 2010 年，是徐雷觉得无拘无束奔跑的年代，年初把任务安排下来，大家撒丫子跑，玩命地跑到年底，能干成什么样就是什么样，没有被业绩考核天天顶在脑门上，累是累，但主动性很强。有大致的销售目标，但没有明确的 KPI（Key Performance Indicator，关键绩效指标）考核。“现在是大公司了，每天每月每季度都要看数据，知道自己的目标 KPI 是什么，压力特别大。”

石涛这两年强烈的感触是京东从追求市场份额和销售额转变为追求效率。2010 年的时候，主要看看毛利率和销售额。2011 年年底作为战略提出，2012 年开始注重毛利率、供应商管理、库存周转等指标。管理效率的提升涉及公司的方方面面，例如系统支持能否达到要求。2012 年大幅度提升了研发经费，研发开始快速做运营系统改善，人均处理单、人均配送单、客服答复来电的数量和效率都大幅度提升。管理层开始每月每季每年密集地看指标。

2011 年，沈皓瑜加入京东担任 COO，是京东第一位 O 级高管，他的引入代表着刘强东按照现代意义的 CEO 行为方式去管理公司，强调流程和授权，花费更多的时间在思考战略上。沈皓瑜说：“他不像我一直给人打工，没做过大老板，但起码也看过大老板怎么做。他是天生做老板的人，他在思考成熟公司的 CEO，在如何不丢失创始人特色的前提下怎么做。”刘强东是一位快速学习者，从加入的 CXO 身上也在学习：在保持京东的活力的同时，如何科学地融入职业化管理的优势。

沈皓瑜发现刘强东有意识地说，这不是我该管的，事情你们定吧，我不管了。“他有反复，想管一管，又觉得不对，后退一步。”

刘强东让石涛引进国际品牌，石涛做了规划报给老刘，老刘跟他面谈一阵，然后说，这个业务是我直接安排给你的，以后还是向蓝烨汇报，抄送给我就行了，不要越过蓝烨给我。他不能让有些 CMO 体系里的事游离到 CMO 体系外，这是对 CMO 的不尊重。这让石涛意识到，他在授权方面不希望造成反复，不要给团队带来错误的认知。

2008 年的时候，公司没有配备棉鞋、雨靴、头盔等。现在，公司发放四季服装，防滑雨靴、棉鞋等装置都配备齐了。这些装置都来自于刘强东自身的体验。2011 年 3 月 11 日，我在京东办公室等着采访刘强东，他穿着配送员的红色工作服准时进入房间，说："不好意思，我刚送货回来。"当时，京东配送员还是用摩托车，车后座左右两边各挂一个包裹、后座上再放一个，每个包裹十几斤重。上楼的时候，需要背着一个、左手拎一个、右手拎一个，带着四五十斤的货物爬楼。"我希望自己能了解员工的辛苦。"刘强东说，他每年都要专门花一天时间做配送员，体验配送装备、信息系统、操作流程是否有需要改进的地方。让他震撼的是，很多公司的前台都认识京东的配送员，她们冲着刘强东乐，怎么换人了？就算是居民小区里，五六十岁的老大爷老太太都能叫上配送员的名字："那谁谁跑哪里去了？"

刘强东是一个注重用户体验的人，他说："京东如果出问题，一定出在用户体验与团队建设上。你对用户充满敬畏、对员工充满感恩，就不会出问题。"

2008 年，曹飞参加京东核心用户的体验活动。刘强东亲自带队，负责物流和客服的副总陪同，带着20名核心用户参观京东本部，他自己操作电脑，向用户们展示后台系统。接着，乘坐大巴到了位于丰台区的京东仓库。在大巴上，他和用户们聊首页访问速度、服务器、后台构架等问题，说京东在花大价钱改善用户体验。有用户说：你没必要用这么奢侈的东西，你的后台架构没有搭好，搭好就能够比较省钱地解决问题。他立即记下对方的联系方式，回头让技术员联系。

刘强东每周在京东上下订单，京东推出211限时送达之后，他经常在上午10点58分下订单。半年前他这么做，配送还不能稳定地保证在下午送达。现在就能保证。一次，他周末在家收货，站在阳台上能清楚地看到配送员进入小区，车后座三个包裹，配送员抱着一个包裹上楼。“如果小偷来了的话就惨了。”刘强东说，回头他就安排京东快递一律配备带锁的箱子。之前，在北京市每人每年被盗5～8起，配锁后降低为3起。

2008年11月，订单暴增超过京东的配送能力，刘强东不得已关闭下订单功能。这促使他决心在物流上再多的钱都必须花。之后，虽然每年“6·18”店庆日促销，送货会有短暂延时，但再也没有出现过把下订单功能关闭的现象。

不过，他对用户体验的关注也有了变化。有位成都的消费者直接给刘强东写信，投诉糟糕的购物体验。刘强东将信转给了高管层，说怎么能出这样的事情，尽快处理。一天之后成都大区总经理就回复邮件：我们如何找到消费者，退款、换货，高效完成了这件事。他们本来指望得到老刘的表扬，没想到老刘更严厉地批评：系统地、有规模地把问题的根源处理掉，让所有消费者不要再遇上这种问题，而不是有一个消费者就给解决一次。你们纯粹是糊弄我，而不是为了改善用户体验。下面的人都傻了。他要的是在流程上、在系统上找到问题的根源，通过研发的配合，通过运营系统的流程梳理去找到解决方案，然后让所有的消费者不再发生这种错误。这是 2012 年的事，这说明了他的变化，原来他可能会是夸奖。

现在他明确地说：个别的解决方案不要再向我汇报，我要听的是系统的解决方案。正确的做法应该是，回复刘强东，马上协调各个部门处理、会跟进，向您汇报。一个星期之后，汇报流程的症结在哪里，如何梳理，如何实施。再过一个星期就回答，这个问题已经解决了，全国都不会再出现这件事了。这是亚马逊的方式，他们绝不会看个案。现在京东流程的严密性更高了。这是个悖论，如果没有规范流程，就容易被意志品质薄弱的人钻漏洞。流程严密又会降低沟通和执行效果。以前徐雷说，这事这么定了，大家就开始干。现在，超过一定范围内的权限就要申报，现在的组织绩效加了很多关联性指标，更加严密了。从管理学角度来看，KPI 是不是好东西不好说。没有 KPI 的时候，容易乱，有 KPI 又会限制大家主观能动性。现在靠系统靠体制，而不是靠草莽英雄。没有完美的管理文化，只有应运而生的管理文化。

2009 年的京东还没人会做 PPT 和 EXCEL，直接口头汇报。2013 年重回京东的徐雷看到，很多人的PPT和EXCEL做得很棒。这家从中关村卖场起家的草根公司，越来越是一家成熟公司的范儿。“京东骨子里是低头干活的草根公司，做到这种份上刘强东必须抬头看路，思考京东未来在全球电商格局里的位置和发展方向。”徐雷说。刘强东对京东的定义是，依靠技术提供供应链服务的公司，电商平台、金融平台、物流平台以及技术平台不可割裂。京东将来不再是纯粹的电商公司，未来很难形容京东。

不过，就现阶段来说，京东本质是家零售公司，讲究组织链条严丝合缝，带半军事化色彩，令行禁止。好处是执行力强，保证了京东十年以来持续200%以上的快速增长；弊端则是创新力不够。刘强东主动在企业文化创新子目录下增加了一条“鼓励失败”，他说以前公司小，创新失败对公司是毁灭性打击，现在公司大了，京东创新能力的确不够，需要鼓励失败。

互联网发展到现在可能在颠覆所有传统产业，过去商业模式靠卖东西赚钱，未来卖东西未必赚钱但可通过其他服务赚钱。刘强东举例说，冰箱按照成本价在网上销售，征得消费者同意的前提下，在冰箱上安装侦测头，了解冰箱每年放入多少蛋禽肉、饮料、蔬果，挖掘消费数据，再卖给厂家赚钱。

未来去哪儿是刘强东想得最多的问题。过去十年，京东就做成了一件事，电子商务。现在，京东有庞大消费群体、有海量数据、有物流、有IT研发，刘强东觉得可以进行商业模式的创新。业务的创新是由高管做的，只有CEO才有资源与时间来做商业模式的创新。创新和国际化是摆在刘强东面前最重要的两个命题，如果解决得好，京东未来十年二十年无忧，否则会遇到巨大危机。

刘强东在美国接触了很多留学生，很多人问他，你们什么时候来这里开公司？2014 年京东将首次招聘国际管培生。2013 年 7 月从美返回，刘强东和石涛分享，他的全球化战略以及精细化管理，包括上市之后如何管理这家公司，要考虑投资人的利益，要考虑媒体对投资人的影响力。他得出结论，一位开明、公平、视野宽广的领导人很重要。他在重读彼得·德鲁克，原先他不认同很多德鲁克的观点，现在他读得很细，受到不少启发。

中国教育让刘强东从小就养成寻找唯一答案的思维方式：对和错、黑和白、好人和坏人。在美国读书的经历，给刘强东触动最大的是，教授问的问题，90%没有标准答案，启发学生从不同视角思考。我曾经在美国罗利遇到一位中学校长，他说："全球领袖最重要的是，学会倾听，包容不同的文化。"刘强东觉得中国人的长处是敬业，短处是容易自我，需要学习开放的思维和心态，不要老想着改变别人。这比读中欧商学院的刘强东更进一步，上完中欧商学院之后，他更愿意从别人的反馈里认识自己。"他原来看问题比较偏激，现在更包容了。"李大学说。

"很多中国企业家取得成功之后，容易刚愎自用，容易自负。刘强东不希望自己成为京东的瓶颈，他要让自己的思想更开放。"隆雨说，"从中国起家走向国际的企业，没有创始人做 CEO 的话，容易动荡，因为精神领袖没有了。京东要国际化的话，引进具有国际视野的人才，帮助刘强东成为一家国际企业的CEO。他已经在用行动证明，他有能力做到。”

刘强东有个朴实的想法：欧美日韩将公司开遍全球，将财富源源不断带回自己国家，而中国企业只赚中国人的钱，赚不到外国人的钱。这让中国人过不上舒服的日子。他敬佩联想、华为，靠自己努力将业务伸到全球各地。如果有更多中国企业走出去，中国经济会好很多。

刘强东少年时代带着船队出海的梦想并没有磨灭，做一家伟大的世界级公司，在全球做生意是他的渴望。在他眼里，仅仅在中国赚钱只能算一家“牛逼”公司。2014年，京东的定位是“扬帆”，国际化已经是明确的战略。现在京东的国际部门有三十多人，负责京东海外销售，这些人都是英语八级以上，有国际视野。他们是京东未来海外扩张的骨干力量。

他相信，未来，京东和沃尔玛、亚马逊必有一战。

龚 宇

仁者无敌

“我想涉足的不仅仅是视频。”

我曾经几次和龚宇在亚运村的名典咖啡馆见面，旁边就是他曾经创业做焦点网的地方——汇宾大厦。他说："我喜欢这里，感觉亲切，让我怀念，我喜欢在这和朋友见面。在这里，能让我想起过去的岁月，想起过去的人和事。"

就在这家咖啡馆，我见证了龚宇初创爱奇艺的意气风发，也见证了爱奇艺和 PPS 合并之后他的爽朗开怀。

2013 年 5 月 7 日凌晨两点，百度以 3.7 亿美元全资收购 PPS 视频业务的合同签订，爱奇艺和 PPS 合并。这起历时一年多的并购案，尘埃落定。龚宇长喘一口气："终于落下了，7 是我的幸运数字。"

这是视频行业第二大并购案，爱奇艺和 PPS 合并，立即跃居成为用户规模最大、用户时长最高的视频网站，超过优酷土豆，仅在广告收入上弱于优酷土豆。原先优酷土豆一家独大的格局被打破，变成双雄并立。2012

年 3 月 12 日，优酷宣布以股票交换的形式和土豆合并，交易额达 10.4亿美元。这两家公司是视频行业当时的老大和老二，合并之后即占据35.5%的市场份额，比第二名高出 22.2%。此事公布的三天后，我和龚宇在中关村一家咖啡馆见面，他说："不合并，整个行业太分散了，暗无天日。"之前，爱奇艺、腾讯、优酷、土豆展开了多边谈判，持续了近一年，最后优酷与土豆谈成了。当时龚宇的压力比较大。

华兴资本董事长兼 CEO 包凡参与了当时的多边谈判，他力主优酷和爱奇艺合并。优酷的优势加上百度的资源，同时古永锵和龚宇曾在搜狐共事多年，团队合作也没问题，两家如能合并，视频行业的游戏可能就结束了，但优酷选择了土豆。优酷、土豆合并后，包凡与龚宇在上海喝酒，包凡感觉龚宇有点沮丧。于是，前者给后者出了个主意，考虑并购 PPS。"他虽然喝了不少酒，但脑子还是很清楚，想了想说这个主意很好。"

近三年以来，曾经战况混乱激烈的视频行业寡头化趋势越来越明显，市场份额往几家大网站集中。因为版权采购以及带宽成本，资本力量左右着视频网站的竞争。留下来的，要么是融资能力强的网站，如优酷在上市前融资 6 轮共 1.6 亿美元；要么是背靠巨头，比如有资金有流量的搜狐、腾讯以及爱奇艺。爱奇艺前三年专做长视频模式，采购国内外正版影视节目版权，2012 年广告收入约七八亿元。创立于 2005 年的 PPS，在被百度收购前，共融资 4 轮大概 6000 万美元。"我们原来节省成本，早期不怎么缺钱，但企业不是维持就好，最主要是要有新的发展。"爱奇艺联席总裁、PPS 原总裁徐伟峰说。2011 年年初，PPS 打算上市，已完成所有准备工作。但这年资本市场萧条，到 8 月 PPS 还想冲一把，有心无力。PPS 转而寻找战略投资人：能给他们带来很多钱、带来更多流量，在内容资源上也有优势。他们可选择的对象并不多。

创立于 2010 年年初的爱奇艺起步很晚，当时竞争主力都是 2005 年、2006 年成立的视频网站。爱奇艺能这么快做起来，除了模式清晰、专注长视频，又有百度支持以外，还有很重要的原因是它的创始人龚宇。龚宇这三年非常拼命，他的下属每天凌晨一点左右收到他的邮件，早晨 7 点多钟又收到他发的邮件。运营副总裁耿晓华每天晚上通过微信、邮件与他沟通工作，因为白天没有时间。每天早晨 8 点，龚宇就到公司楼下坐着，思考问题。他总是到办公室最早的人，这让下属压力很大。爱奇艺 CMO 王湘君说："我看不到他有私生活，绝大部分时间都在工作。只有周末一天当司机，送孩子上课。"

龚宇常在各种场合说，爱奇艺是一家创业公司，大家要有主人翁心态。"这家公司很有创业激情。龚宇以身作则，行动力强，让所有员工都感受到公司的快速发展是与自己的工作息息相关。"耿晓华说。在一次高管会上，龚宇感叹："我知道大家都很忙，我也很忙，希望在过去一年中，大家身体没出什么问题，这样就很好。"爱奇艺有个习惯，每个季度第一个月抽一个周末，高管们到郊区开会，进行头脑风暴，这时候是这些高管难得的放松时刻，喝点小酒。龚宇喝酒豪爽，只要你敬他，他就一杯干了。以前在搜狐任职 COO，他经常因为下属敬酒而喝醉。现在酒量提高不少。

虽然忙，但龚宇对细节抠得厉害。他喜欢在爱奇艺上看节目，尤其是纪录片，在手机、电脑上看，提出改进意见。网站换一张图片，边角是圆还是尖的，他都会管。爱奇艺的 logo 是绿色，某次贴在墙上的 logo 颜色未调好，别人没有看出来，龚宇一眼就说："这个绿色不正。"爱奇艺 CTO（首席技术官）汤兴说："爱奇艺这三年能发展这么快，跟执行力强有非常大的关系。执行力强不强的关键就是看管理者是不是关注细节。"

三年时间，爱奇艺跻身视频行业第一阵营。在优酷土豆一家独大、咄咄逼人的势头前，它必须做大规模，至少不能和第一差得太远。收购是快速扩大规模，又能节省带宽和版权成本的途径。选择 PPS，一来用户重合率低，爱奇艺的用户集中在北上广深等一二线城市，PPS 用户主要在带宽情况不好的地区和三四线城市；二来，PPS 在移动客户端有优势。最根本的是，为了规模。做到这个份上，龚宇只有迎头赶上，不进则退。

2012 年优酷、土豆合并后，包凡在北京安排百度副总裁汤和松、龚宇与 PPS 大股东、联创策源总裁冯波见面，同时龚宇和 PPS 总裁徐伟峰进行接触。2012 年夏天，爱奇艺和 PPS 签了一个协议，不涉及现金交易的合并，双方共同融资。后来，协议没有执行。这首先是因为优酷、土豆合并后的效果没有龚宇想象的那么大，对他的压力没那么大，优酷土豆后来忙于处理合并后带来的一些内部问题。这让爱奇艺与 PPS 合并的动力就弱了。其次，爱奇艺和 PPS 共同融资非常困难。另外，从 2012 年 9 月开始，百度忙着收购普罗维登斯资本的股权，就把收购 PPS 的事情给暂停了。

徐伟峰说："当时优酷和土豆合并后，一开始感觉很热闹，后来大家挺担心的，因为土豆在合并之后的情况不太好，土豆原来的高管不见了。虽然他们一直说没有这事，反正至少我认识的真正能代表土豆的高管大多不见了。"

爱奇艺和 PPS 的第一轮谈判搁浅。"百度内部的视频战略还未完全定下来，公司内部对购买 PPS 有各种各样的疑虑。另外，爱奇艺当时还有美国投资方普罗维登斯资本，谈判起来更复杂。"包凡说。

就在 2012 年爱奇艺和 PPS 合并搁浅的时候，世道变了。2012 年，百度股价从高峰期的 130 多美元跌到 90 美元，市值缩水 100 多亿美元。在百度的核心业务搜索上，奇虎 360 周鸿祎也进军搜索，这让李彦宏难受。从数据看，百度的搜索访问数量仍然遥遥领先竞争对手，但是行业的搜索访问数量、时长和页面浏览数量的增长更多是来自新兴搜索引擎。

更糟糕的是，百度对移动互联网反应迟钝。2012 年 10 月，百度才真正确定下移动互联网的战略。而此时，腾讯的微信用户数量已经突破 2 亿，成为移动互联网最耀眼的平台级产品。反观百度，其核心业务在移动互联网市场规模小，2012 年，移动互联网市场规模 549.7 亿元，其中移动搜索占比为 2.3%。百度推出了一堆应用，但是缺乏拿得出手的平台级应用。当年 11 月，百度发行 15 亿美元公司债，百度称这笔钱部分用于偿还现有债务外，另外剩余的部分用于一般公司用途，包含企业并购。2013 年 7 月，百度宣布以 19 亿美元收购 91 手机助手。2012 年年底，李彦宏写了一封要提倡狼性的内部公开信，流露出他内心的焦灼。

包凡说："移动互联网的崛起，重新定义了各自的地盘，也就是重新进入瓜分地盘的过程，这是 2013 年中国互联网并购案暴增的主要原因。另外，奇虎 360 起到了搅局者的作用，每家都要重新定义一下自己的战略。"

百度内部的变化，正是爱奇艺与 PPS 合并成功的前提。2012 年 11 月份，百度收购普罗维登斯资本持有的爱奇艺股份，拥有爱奇艺的绝大部分股权，爱奇艺则成为百度的一家子公司。这是一个重要的信号，百度决定将视频作为发展的重要业务。百度的战略是围绕它的核心业务搜索来布局，百度最不想看到的是，在视频行业出现另一个淘宝。淘宝做大后，屏蔽了百度，搜不到内容，减少了百度身为搜索引擎的价值。优酷土豆合并后居第一，自己做视频搜索，这是在战略上百度最担心的事。不管怎么做，它要扶持一个公司能够跟优酷土豆抗衡。

2009 年年底百度决定做爱奇艺时，投入的是资源，第二轮投入资源加现金，第三轮投的是现金，第四轮用现金收购普罗维登斯资本的股份，第五轮继续投现金，第六轮收购了 PPS，第七轮将继续投资合并后的新爱奇艺。"李彦宏看清楚了，网络视频行业规模越来越大，收入越来越高，可预测性越来越强，爱奇艺在市场中的地位也越来越强了。风险越来越小。"龚宇说。

在收购普罗维登斯资本的股份后，百度在爱奇艺的股权超过90%。龚宇称，股权和期权是分开的，“我和团队的期权，具体多少现在不能透露，将来上市你会看到”。有言论认为，龚宇在给百度打工。五季咨询合伙人洪波认为：“龚宇不能说是给百度打工，毕竟爱奇艺是一家完全独立的创业公司，只不过它由合资公司变成了百度的子公司，这和百度的一个事业部是无法比的，事业部没法独立上市，但爱奇艺未来肯定是要独立上市的。”

收购PPS，百度花费3.7亿美元。对于百度来说，它已经在爱奇艺上投入这么多，为了保证爱奇艺的安全性，提高爱奇艺在未来第一梯队的确定性，三四亿美元对百度来讲还是小钱。2012年中国网络视频用户已达4.5亿，在全国网民总数占比超过70%，手机视频用户超过1亿。业内看好的移动端方面，根据艾瑞2013年上半年的数据分析，移动客户端爱奇艺和PPS的月度用户覆盖去重后为4557.03万人，排名第二的PPTV网络电视月度用户覆盖为2572.28万人，爱奇艺和PPS在移动客户端的月度用户覆盖方面居行业第一，也拉大了与其他视频业务竞争者的距离。

2012年12月，百度和龚宇重新启动与PPS的谈判。2013年春节期间，汤和松和冯波都在美国，前者找到后者，说百度收购PPS的事还是要弄。

柳暗花明又一村。龚宇找到徐伟峰，他俩商量好了意愿和整合的方案后，分别告诉各自的股东。龚宇只负责业务层面的整合方案、未来的协商效益预测等，将这些谈好，具体的合同条款由百度和PPS的投资方、创业团队谈。“大家合并了，以后还要共事的。谈判难免斤斤计较，伤感情的风险比较大。”龚宇说。

2013年3月，我约龚宇见面，从3月6日到14日，龚宇通过微信给我发了4段音频，我们约在3月16日在北京银泰中心见面，龚宇当时声音嘶哑，此时谈判正进入关键时期。3月25日，关键条款谈妥，进入尽职调查阶段，这些都是由百度主导，爱奇艺参与。谈判期间，PPS与搜狐接触过，爱奇艺与PPTV、迅雷也有过谈判。最后进入实质性谈判的，还是爱奇艺与PPS。包凡说：“百度对视频有这么大信心，是这件事成功的前提。汤和松团队的效率还是比较高的，春节后两个月就把这事办下来了。”

“这件事能做成，与龚宇在当中的不断推动有很大关系。PPS创始人、爱奇艺联席总裁张洪禹与徐伟峰认同他，这与龚宇的能力和个人魅力有关。”包凡说。在谈判的时候，徐伟峰很欣赏龚宇，“除了钱的因素以外，最终造成我们愿意合并的重要因素就是龚宇，讲直白一点就是，跟着他干，我们觉得未来很有希望。”徐伟峰语速很快、语调兴奋。他认为，龚宇有技术背景（龚宇是清华大学自动控制专业博士），又有多年媒体公司高管经验。“我喜欢他，他的骨子里是工程师，对技术很有想法，希望通过技术改变生活，这跟我们的想法一致。他在管理上有原则，又不失人性。”谈判还没有谈到价钱的时候，徐伟峰和张洪禹他们就希望龚宇能够出任合并之后新公司的CEO，这是整个过程中，除了钱以外他们提出的唯一要求。

包凡说：“龚宇让人感觉比较舒服，他很替人着想，做事比较公平，你帮了他，他以后肯定会回报，本质上是善良的人。”爱奇艺CTO汤兴认为龚宇很有人情味，有时候龚宇开玩笑说汤兴太理智了，缺了一点中国传统文化的人情味。有些老员工一开始为爱奇艺的创立立下汗马功劳，但之后个人能力的成长跟不上公司发展的速度。龚宇愿意花费很多时间，帮他们找到合适的位置，既不让他们影响公司的发展，又对他们自己的职业生涯有很好的帮助。“这需要智慧，也需要你真心去寻找机会。只有心里真正想着，才能做出来。”汤兴说。

爱奇艺创建之初，百度前副总裁任旭阳安排百度员工肖风和龚宇对接推进。肖风说：“我初次见龚宇时，感觉他比较儒雅、睿智，和我们李彦宏比较像。”

龚宇是个直率真诚的人。按照肖风的说法，“我和他接触时，他笑的时候，有一种孩子般的童真，我就很轻易地信任他，不会防备他了。他的孩子气，是让我印象最深的。这种CEO级别的人，很少见到纯真的笑容了。我最后和他说‘越接触你，越靠近你’。是他本人的魅力，让我做出了职业生涯的一个重要选择。”在和龚宇接触后，肖风最终也决定加入到新的视频公司。因为新公司是独立运作，所以相当于是离开了百度。

肖风见过龚宇五六次，“我每次见他，对他的印象都会逐渐加深。他是有个人魅力的人。第一次完全没考虑，第二次开始考虑，第三次慎重，到了第四次，我和家人开始商量，第五次，我决定过去了。整个过程，是受龚宇个人的影响。虽然是百度控股的公司，但如果换成别人，我不一定会过去。”肖风说，“像龚宇这种 CEO 级别的人，对小事情也很认真，一些技术性会议他本来不必参加的，他也来了。他是奔着上市的方向去，是个能把事做成的人，如果不执着，很难坚持到最后。”

当然，她也在圈内打听了龚宇的为人。但让她惊讶的是，认识龚宇的人，没有说他不好的地方。“作为一个女孩子，所有人都认为我不该离开百度。但我觉得，龚宇是个能做大事的人，我愿意跟着他一起创业。”

耿晓华也是龚宇的老部下。1997 年，龚宇从清华大学博士毕业后任美国影立驰公司驻华首席代表。1998 年 9 月，耿晓华去面试，“他那里不像一个老总的办公室，中间放了一个圆桌。然后在圆桌那儿面试我。当时我就觉得这人像做技术的，不像老板。他外表给人的第一印象就是很儒雅，温文尔雅，这是他给我的第一印象，当时感觉挺好的”。

后来在那一拨互联网大潮中，龚宇成立了焦点网。最初成立的时候，定位是做和新浪、搜狐一样的综合性门户，新闻、财经、房产、招聘、社区、搜索等都有，员工很快从十几人膨胀到一百多人。龚宇也特风光，1999 年到 2000 年上半年，他在各种媒体上不断露面。

在耿晓华眼中，龚宇是名很 nice（不错）的老板，“我认识他 15 年，当了他13 年下属，他从没骂过我一句”。1999 年，耿晓华准备在回龙观买房，结果钱包掉了，钱包里的 6000 美元和两万元全没了，“这是我几年的积蓄，准备买房的首付款，当时连死的心都有。”此事被龚宇知道了，他告诉耿晓华：没事，我借给你首付款吧。”当时，耿晓华只是普通员工，入职不到一年。

焦点网很快资金不够了。2000 年 5 月，焦点网从一百多人裁到四十多人，“见到同学、朋友都不敢多说，非常担心别人问到深入的问题，只好闪烁其词”。龚宇摸了摸头，苦笑了一下。

2000 年 12 月，龚宇觉得快弹尽粮绝了，没有办法，只能公开了。在亚运村一家小餐厅，龚宇把公司十几个核心叫到一个包间吃饭。龚宇告诉他们，银行里的钱过完春节就不够发工资了，当时气氛十分压抑，这顿饭开始吃得很沉闷。一个叫何民虎的工程师站出来说：“龚宇你放心，车到山前必有路，这个冬天我们能熬过去。”

“当时这种乐观精神给我的印象特别深，给了我很大的安慰。其实我当时召集大家并没有想鼓动大家坚持下去，只是想坦白实际情况，不得不说了。结果这句话变成了一种安慰，让大家走出这个房间时心情还相对比较轻松，还愿意去干活。”龚宇至今仍十分感谢这位同事的鼓励。不久，龚宇拿到了一个两百多万的订单，帮一个企业开发一个电子商务软件，预付款 60 多万，一下过了生死关。后来，焦点网获得的第一个大广告来自房地产，这也是焦点网从门户转向房地产专业网站的重要原因。

耿晓华回忆说：“2001 年最难熬，一睁眼都不知道工资在哪，那时龚宇出差都是坐火车。如果老板人不好，这个团队早就散了。”

2001 年 12 月，龚宇处于内交外困之中，太太带孩子到美国工作一段时间，他的心就不安定了，不知道他们过得怎么样。公司又处于垂死挣扎的边缘。祸不单行，他的本田轿车在汇宾大厦被盗了，他心爱的相机、镜头全丢了，“后来看录像，几十秒就没了，当时的经济条件不可能再买辆同样的车”。

龚宇家在健翔桥东，离汇宾大厦不到两公里，车丢后，就步行上下班。他清楚地记得，平常他从健翔桥东步行到汇宾大厦最多只要半个小时，那段时间他要一两个小时，并且脚步沉重，走得满头大汗，办公室一大堆账等着他去付。“这段路走得太漫长了，我都不愿意跨进公司的门槛，心里沉重脚步自然就沉重了。”次年 6 月，太太从美国回来了，公司经营也逐步好转，2002 年盈利了，2003 年盈利上千万元，被搜狐以 1600 万美元收购。2002 年夏天龚宇再走这段路，不到 20 分钟就走完了。“真的就是这么大的差距，因为高兴的时候你可以一会儿走，一会儿笑着跑。”这是他最难忘的一段经历，谈及往事，仍唏嘘不已。

龚宇是个非常念旧和感恩的人，在爱奇艺的时候他经常向人讲起早年鼓励他的那个同事何民虎，他经常说，那是能让他记住一辈子的人。

他一直是个心软的人。焦点网创办初期曾经在《南方周末》投过一次广告，美工犯了错误，将域名 www.focus.cn 做成了镜像反转的效果，字全反了。龚宇气得不行，但还是没忍心炒掉这名美工。后来，在一次更重要的线下活动时，这名美工又犯了同样的错误，在内心纠结了两三个月后，龚宇只好炒掉这名美工。

龚宇有两个孩子，他很喜欢孩子，在了解到哪位女同事或男同事爱人怀孕了，就会送一本《妈妈宝宝护理大全》的书，从焦点网的创业期，一直到并入搜狐，甚至到爱奇艺，龚宇一直在做这事。

所以他一直深得下属的心。搜狐副总编辑国庆临谈起龚宇时说：“他就是个阳光男人，用咱北京话来说，就是个阳光爷们，单是阳光或爷们都不准确，‘阳光的爷们’最准确。喜怒哀乐从不掩饰，直率、不拐弯抹角，他对你有意见，会拉下脸来说；但如果只谈生活，他也是很有情趣的人，可以和你称兄道弟。很多员工都喜欢他、尊重他。”

奥运会期间，时任搜狐首席运营官的龚宇是搜狐奥运报道总指挥。搜狐需要现场拍摄鸟巢，但没有摄影位，而龚宇家就在鸟巢对面，于是他将家贡献出来，将几架摄影机架在家里，给编辑、各部门来回用，国庆临说：“这很难得，高管的家，谁愿意拿出来让人祸害呀？老板将自己的车、司机、家都贡献出来了，他用这种方式激励部下，我们干活还有啥条件可讲，咱没房子，就出力呗！”

2010年年初一些下属得知龚宇要创业，很多人愿意降低职位过来，龚宇告诉他们很多事情暂时定不下来，对方说“无所谓，不介意头衔和职位，愿意和他一起干”。

“我感觉他还是一如既往带着创业公司往前冲，只是他现在更从容了。合并之后，他看得清楚了，格局也非常清晰了。”王湘君说。

汤兴记得自己离开Google的时候，Google每个搜索关键词导出的结果里，有27%出现视频结果。他认为视频是互联网信息的未来，现在视频网站已经是最大的带宽买主，爱奇艺的带宽储备接近两个TB。他认为随着互联网基础架构的改善，10兆到户，视频清晰度会进一步提高，出现真正的1080P高清视频。爱奇艺和PPS合并之后，会大幅度降低原有的带宽成本，提升码流。龚宇说："在技术上的目标是，未来的千分钟带宽成本是优酷土豆的30%以下。"

在移动互联网兴起之后，移动终端是视频行业未来两三年甚至四五年的争夺焦点。在视频行业，未来会出现PC、移动终端、互联网电视三足鼎立的局面。龚宇认为，PC将是最弱的，因为它是工作的工具，不是娱乐的工具。未来视频市场会集中在移动终端与互联网电视上。

2013年9月3日，TCL和爱奇艺联合发布"TCL爱奇艺电视TV＋"。很少参加公开活动的百度董事长兼CEO李彦宏与TCL董事长兼CEO李东生并排坐在一起，看台上演示，有时交耳低语。

电视互联网化是必然的趋势。据CTR（央视市场研究公司）统计，2009年到2012年，北京地区电视开机率从32.5%跌到31.5%。传统电视已经成为一件摆在客厅里的家具，不用它却需要买它，买电视机的人最多的是在结婚以及搬新家的时候。如果有一天，有更适合放在客厅的装饰品出来，电视行业可能会从一年4000多万台的销量变成一个小到让厂商害怕的数字。要解决这个问题，电视必须互联网化，因为买电视是为了看电视里的服务，最好的服务一定在互联网上。

互联网公司也需要电视，特别是视频网站。眼球转移规律是从传统电视屏到PC屏，再从PC屏到移动终端屏，现在又回到了互联网电视屏。用户访问爱奇艺，PC屏与移动终端屏已经是1∶1的比例，目前互联网电视为零。龚宇认为，PC屏未来占的份额会越来越小，最大的市场份额来自电视屏与移动终端屏的有机交互。移动终端屏既是看视频的重要工具，也可以是电视屏的遥控器。龚宇说："传统电视太不方便了，用户必须按照它的播出时间、播出方式看内容。而人的本质是追求自由的，任何时间我看我想看的东西。这是唯有点播才能实现的，PC和移动终端都实现了，电视一定能实现。"

爱奇艺两年前开始尝试互联网电视业务，2012年1月正式组建互联网电视事业部。爱奇艺互联网电视事业部总经理段有桥此前在创维工作，后加入爱奇艺负责该业务："电视、机顶盒厂商在互联网电视领域做得更早，但做着做着就遇到瓶颈，视频网站不够努力，觉醒得比较晚。"TCL是最早推出智能电视的，插上一根网线就能上网，这是8年前的事了。但这些年，智能电视只是销售的一个噱头，用户买回去后智能电视激活率很低。段有桥说："爱奇艺手机客户端两个星期更新一次，一年更新接近30次。中国所有电视厂商有在维系电视软件更新吗？一个都没有。"

"此前，电视厂商还是用硬件的思维来做电视。未来的电视有这样几个趋势：一是硬件电脑化；第二，软硬件一体化，有统一的体验界面；第三，服务云端化，电视的本地播放功能是没有价值的，真正有价值的是在云端的服务，服务云端化才能提供更好的服务，用户才乐意为服务付费。"

龚宇说："intel inside 所有的价值就在 cpu 上，iQIYI inside 是一段植入

电视和机顶盒的代码，20%的价值在终端，还有80%在云端，通过代码与爱奇艺视频云做交互，还可以通过地理位置、选择偏好来推荐节目。”

龚宇说：“TCL的优势在于设计制造、营销与售后服务。这是新公司很难追赶和取代的。他们缺的是把电视设备装上互联网的芯，这颗芯还连着云端。这是爱奇艺的优势。”

“从普通电视到互联网电视，不是从马车到汽车一样，是颠覆的、彻底的革命，而是集成创新，是互联网与电视加在一起的创新。”段有桥说，“未来谁胜谁败我们现在还不能下定论。但从我们的角度来说，软硬结合胜算比较高。”段有桥说。他认为，未来应该是“哑铃模式”：一头是硬件制造商提供的终端（电视以及机顶盒），一头是在云端的服务，中间是牌照。按照中国政策规定，必须有牌照才是合法的。

爱奇艺已与中国六大电视厂商——TCL、创维、康佳、长虹、海信、海尔合作。这是一个多对多的合作关系，电视厂商也可与优酷土豆等合作。龚宇认为，它的同业竞争对手依旧是优酷土豆、乐视。小米不是它的竞争对手，属于潜在的合作伙伴。“在互联网电视上，真正的竞争对手还未出现，我们依旧关注过去的老对手。所有的终端厂商无论是整机还是盒子，都是我们潜在的合作伙伴，没有模式上的冲突。”

互联网改变的是电视产业的思维模式，原先厂家是硬件的思维，从立项到上市，最短要6个月，最长要12个月。互联网讲究用户体验，讲究快速迭代。段有桥认为“以后可能三四个月就推出产品，甚至做期货也可以。

你看开完发布会后当晚就能收货的只有‘TCL 爱奇艺’一家”。

对于视频网站来说，通过电视提供更清晰的节目，CPM（千人成本）的价格高于 PC、移动终端。龚宇预计互联网电视日活跃用户 200 万台以上就有收入，500 万台以上就有规模收入。这也意味着至少要销售出一两千万台 iQIYI inside 的终端（电视与机顶盒）。

段有桥说：“大家已经认可，视频网站一定会挣钱，问题是能不能活到挣钱的那一天。”

龚宇希望未来中国所有的电视以及机顶盒里都装有 iQIYI inside，这样有更多商机，他说：“我想涉足的不仅仅是视频。”

张邦鑫

折腾出未来

"用互联网让学习变成美好的体验"

这是一个互联网和其他产业碰撞的时代。在线教育爆发的前夜，一家线下教育公司如何拥抱未来？好未来（原名学而思）已经摸索了三年的在线教育。我总结了如下要点：

第一，在线教育是未来趋势，最大的教育公司必然是一家有着在线教育基因的公司。

第二，教育跟互联网结合产生实质的价值，最重要的一点就是教育的社区化。教育出现新的组织方式，各领域的人有机会相互认识，改变孤独的学习状态，未来是人人为师、人人自学的时代。

第三，谁能解决下述三个问题之一，就是抓住了在线教育创业方向：能否找到方法提升学习的效率？能否找到更好的体验方式激发学习的兴趣？能否用技术帮助企业降低运营成本，提升效率？

第四，在用户对教育的需求依旧是完善社会属性（考证考文凭）的阶段，线下教育的体验效果优于在线教育，很长一段时间内依旧是线下教育为主流。如果用户对教育的需求转变为完善自我属性，从学习中获得满足感，那可能就是在线教育爆发的时刻。

每家公司都将面对不可抗拒的命运：因为经营者的历史局限性，导致公司在洪水猛兽般的新技术面前，溃不成军。只有极少数公司才能以超越时代的远见，拥抱新技术，成就基业长青。因为短视和偏见，很多顺应时代创造辉煌的企业家，往往在下一个时代浪潮兴起的时候，错失机会。要让微软理解 Google 怎么思考的，这很难；Google 也肯定理解不了 Facebook 怎么想的。

好未来教育集团 CEO 张邦鑫内心就有着这样的焦虑：一家线下面授为主的教育公司，如何理解互联网教育？互联网每侵袭一个行业，就在短时间内颠覆旧有格局。“我们此刻正处在时代的转折点上，传统教育会以迅雷不及掩耳之势完蛋，像雪崩一样。”徐小平用夸张腔调激情四射地告诉我。他正在拼命投互联网教育，已投的四五十家教育公司大部分正转向互联网教育。

好未来的线下教育业务还在不断上升，但和其他线下教育公司一样，好未来也面临最近几年蓬勃发展的在线教育的威胁。2013 年 8 月，学而思更名为“好未来”教育集团，张邦鑫希望“用行动告诉全体员工以及公众，我们有决心去拥抱互联网和科技。这是对我们公司全体的动员，是互联网意识的启蒙”。

2002 年，四川大学本科毕业之后，考上北京大学生物系硕士的张邦鑫为了节省车费，直接从成都坐火车北上。身上只有几百元钱的他，决意自己养活自己，从做家教开始，一度同时做 7 份兼职，一个月挣了两三千元。这能让他在学校食堂吃饭的时候，比别人多加一个鸡腿。出生于江苏农村的张邦鑫，内心深处隐藏着不安：父母年纪大了，家里存下来的几万元只够供他读完大学。他害怕父母生病，没有钱治。兼职赚来的钱，张邦鑫给自己买了一台电脑，留了少数钱做生活费，其他都带回家里给父母。

2003 年，他的同学曹允东找到他一块儿办辅导班，两人东拼西凑借了 10 万元，正式注册公司。当时，张邦鑫并没有那么长的远见，不知道公司未来能做到多大。他想的是做个两三年可能就不做了，赚一笔钱，再继续完成学业。

在知春路 22 号知音商务写字楼，他们租了一个不足 20 平方米的房间，花了 350 元买下破家具：一个不知道密码的铁皮密码柜、两张桌子、两把椅子以及坐下去就陷一个坑的沙发。“学而思”就如此诞生，后来这家公司变成在 15 个城市拥有 80 万名学生、主打 K12（中小学）多学科培训的教育集团。

当时，教育培训产业的标杆是新东方。“大家都在学新东方，中国不需要第二个新东方。他们做英语我们做数学，他们做大学生我们做中小学生，他们做大班我们做小班。做第二个新东方是没有理想的事。我内心尊敬它，但尊敬它不代表要模仿它。因为时机的缘故，你很难再现一个新东方，历史很难重复。”张邦鑫说。

2010年，学而思上市，那一年是教育产业的辉煌时刻，共有四家教育公司在美上市。Mirae Asset（韩国资产金融集团）前分析师 Eric Wen（温天立）说：“新东方和学而思属于两个不同的时代。新东方的发展是处于中国人认为‘出国能让生活变得更好’的时代，而学而思所处的时代是‘中国家长愿意（在孩子教育上）投入很多来保证孩子处于公平竞争的环境’。新东方曾经代表着‘出口’，而学而思则代表着‘国内消费’。新东方曾经代表着逃离中国体制的渴望，而学而思却代表着在中国的教育体制中脱颖而出的渴望。（新东方和学而思）难道不是代表着过去的中国和现在的中国吗？我们当然不会反对一个更加自信的中国。”

也是在这一年，张邦鑫正式试水互联网教育。

2010年，学而思网校推出。家长花钱购买老师授课视频的使用权，超过有效期就失效，按照1700元一学期的价格售卖，当年就实现盈利。因为家长抱怨太贵了，第二年降至700元一学期，直接亏损300多万美元。2012年学而思网校收入5000万元，占总营收3%，直接亏损100多万美元。现在，网校有40多名全职老师，收入按照“底薪+提成”的方式来做。数学老师朱韬和物理老师杜春雨年收入超过百万元。加入网校之前，必须参加网校培训营：每天默写一篇古文，每周跑一次万米跑。有些人退出了，有些人留下来了。“我觉得这是意志的考验，意志力强的人才会留下来。”朱韬说。朱韬记得自己在网校第一个月提成是 0.8 元。

刘亚超负责网校业务。他觉得从线下调来的老师虽然经验丰富，但是尝试新东西的愿望不强烈。网校需要自己的老师，年轻、有互联网思维。网校按 5 分制给老师打分：2 分是教材教学，站在黑板前不能挡住板书，说话节奏要有把控，语言如何配合写板书；2 分是功底逻辑，知识掌握程度与讲解顺序一定要非常清晰；1 分是风格，没有特点就不能红。

朱韬和杜春雨都是满分。朱韬逻辑清晰专业，干净利索，充满自信，有不容你忽视的气势。杜春雨则是亲和力强，能够通过大量物理实验挖掘出知识点的趣味。朱韬并不是视频卖得最多的，但却是续报率最高的。他在论坛上发了很多帖子，建立了十几个 QQ 群，大概有 3000～5000 人在群内，主要靠热心家长维持群内秩序。线下面授的黏性很高，线上黏性就很弱，朱韬靠 QQ 群来解决这个问题。他根据销售数据调整自己的工作，寻找为何卖得不好的原因。家长会告诉他，你这个星期没跟家长沟通，或者没写文章。这影响了销售，他会去弥补。“这形成了良性循环，你做得越好，就赚得越多，赚得越多就越想做好。”他的压力也很大，“有些老师成功了，其他老师会去学习，你必须不断创新，今天的绝招到明天就不是绝招了。”

张邦鑫表示网校还会继续降价，吸引更多的家长来购买，他估计未来来自网校的收入会占整体收入的 5% 至 10%。“老师赚到钱了，难道我们没钱赚吗？不可能吧。”

2012 年，张邦鑫在公司内部提出“转型”的命题，高管们的反应基本是反对，觉得这是妄想。他花费了一年的时间来沟通，一边沟通也是一边坚定自己的想法。张邦鑫不是强势的人，做事是跟大家商量着来。“我强势，他们就跑了，得跟他们好好说，让大家都愿意。”他像啄木鸟，虽无摧枯拉朽的气势，却有水滴石穿的韧性。2013 年，公司内部达成一致，要为未来五年到十年做好准备，进军互联网教育，与其让别人革自己的命，不如自己革自己的命。

教育的本质是信息的传递，互联网能够解决信息不对称问题，很大一部分线下教育会转移到线上来。留给互联网教育创业者的问题是：能否找到方法提升学习的效率？能否找到更好的体验方式激发学习的兴趣？能否用技术帮助企业降低运营成本，提升效率？如果能够破解这三个课题的话，就有可能成。否则，即使媒体天天喊“互联网教育来了”，过两天又是“谁融资了”，都是泡沫。

2010 年，四家教育公司上市激起资本市场对教育产业的热情，多家教育公司一哄而上，满大街开店。2012 年，很多公司不断关闭店面，收缩战线。上市之后，别人都跟张邦鑫说，融资不就是让资本力量帮你扩大规模吗？管理体系让 IBM 来做，你招来高端人才帮你弄好公司。张邦鑫觉得自己是老土的人，应该听大家的劝。公司是多事业部架构，上面说放开一点，下面就放大到十倍。员工数翻了两倍，问题浮现了：团队文化稀释得厉害。

老员工不断跟张邦鑫反馈：再这样下去，对学生的教育要出问题。2011年秋天，张邦鑫反思，企业文化里的“百亿学而思”改为“百年学而思”。

2003年张邦鑫第一次办辅导班，收到一万多元，他从来没见过这么多钱，非常紧张，就给家长说：“你旁听觉得不满意就退钱给你。”这后来成了好未来的硬性规定：家长可旁听，前三节课不满意全额退费。“你多给别人一点，心里踏实一点。”这是张邦鑫父亲教给他的，“男人总要有一点志气，人穷志不短。”张父是屡败屡战的人，在农村做过的小买卖不下十种，都失败了。在张邦鑫13岁的时候，开始加工馄饨皮，一年收入一万多元。每逢春节和中秋，张父熬通宵加工，张邦鑫告诉他，涨一毛钱的话利润可翻一倍。张父坚决不涨价。他在菜场卖馄饨皮，从来都是多给顾客一两、二两的。因为有的顾客会回家再称，称不一定准，你给一斤他回家一称是9两多，回头就要找你吵架，不如给他一斤多，免得吵架。

张邦鑫为好未来灌注了观念：教不好学生等于偷钱抢钱，将主动权交给家长，把自己放在相对被动的位置，才有足够的压力和动机去教好学生。一开始，他和曹允东在水木清华和未名BBS发帖子招聘大学生兼职，一百个来报名的只录取三四个。有整个寝室的来报名却全体被刷掉，回头在BBS上说他们是骗子公司，张邦鑫他们的账号被封掉。录取率低是因为他们要求高，得提前半小时到教室，下课后还要回答学生问题。有的应聘者不乐意：我拿工资是为那三小时的课负责，你还叫我做那么多事？“教育不能这么简单地拿钱计算，你回家了，学生打电话问你一道题，公司该不该再给你钱？我们必须找到有共同价值观的人，有一个好老师就开一个班。”张邦鑫说。

2004年，在北大读书的刘亚超到知音商务写字楼应聘，他看到两位疑似打杂的、穿着大裤衩的小伙子，就是公司的大老板张邦鑫和二老板曹允东。张邦鑫拿着小黑板给刘亚超等四位新进老师培训，核心就是让学生找到成就感，适合什么难度就讲什么难度，别拿难题吓唬他。刘亚超第一次上课的地点，在航天桥那一带的荒地上，那里伫立着一间平房。曹允东叮嘱刘亚超，要跟家长聊天，要叫得出每个孩子的名字，要让每个孩子都发言，要留作业，要批作业。刘亚超站在台上腿都发抖了，他刚认识的家长冲着他笑，他就兴奋了，使出全部热情讲课。在2007年以前，刘亚超内心狂热，虽然公司体量和巨人教育不是一个量级的，但他觉得自己很牛，到哪里都横着走。这是他人生最幸福的阶段。

教育产业不止一次受到资本泡沫的影响。2007年，学而思被巨人教育挖走五名老师，带走几百名学生。刘亚超记得那时候心里慌了，一下子懵了：我从来不弄你，你弄我干吗？再挖几个我们就要垮了。只有公司大了，才能不被人挖。别人融资你不融，别人给员工发股票你不发，大家都跑光了，日子怎么过？这促使了张邦鑫他们融资扩张，2008年一周上课学生从春季的2万人到秋季的5万人，2009年达到8万人。从2007年开始，刘亚超就觉得是无尽的痛苦，公司太大了，离一线越来越远。

从2007年到2012年，接连两次资本泡沫，让好未来内部反省：资本能否催肥教育吗？教育是有机体，用资本催肥是有害的。

教育产业市场日益碎片化，需要从语数外到更多的学科，培训方式从大班到小班再到一对一，地域从一二线城市扩张至三四五六线城市，供应商也越来越多，从大机构到小机构再到个体户。市场的碎片化正是互联网教育兴起的契机。现在的互联网教育还处于2003年淘宝上线的阶段，莽荒时代，一片乱象。在短期内，不太可能出现赢家通吃的局面，教育很少能用资本催出来。微博、微信属于一极，小而轻，时间是它的敌人，来的时候风起云涌，去的时候一泻千里；教育则是另一极，要讲得好很费劲，整理成标准也很费劲，积累很慢，但每积累一天就多积累一些东西。多贝网创始人陈广涛说："教育资源是顽固的资源，接受新事物很慢，不会像电商一样快速颠覆传统行业。"

目前的互联网教育模式大概有三类，一是网校；二是做B2C或者C2C（Customer-to-Customer，客对客）平台；三是做教育社区。国外盛行的MOOC（大规模开放的在线课堂），其模式是老师录制授课视频，学生观看视频，学生互相答题解疑，在网上考试获得学分。可汗学院、edX充分利用学习者之间的互动，让学习变成一件有趣的事，像游戏打怪一样。读过《未来是湿的》、《认知盈余》的好未来集团摩比思维馆总经理宁柏宇最看好教育社区的未来："教育跟互联网结合产生实质的价值，最重要的一点就是教育的社区化。或者说，教育出现新的组织方式，各领域的人有机会相互认识，改变孤独的学习状态，未来是人人为师、人人自学的时代。"

他认为互联网对教育最大的影响是，自主学习的人与不会自主学习的人之间，差距会变得非常巨大，在能够找到所有免费的学习资源的互联网上，主动学习的能力胜过一切。像学而思网校，解决了空间、时间的问题，但还没有解决学习动力的问题。家长在网校上买了课，还得在旁边盯着孩子学习，家长就不喜欢这个产品，他们愿意花钱，但不愿意花时间和精力来教育孩子。到好未来网校学习的，都是学习能力强的孩子。

万亿规模的教育产业，线下市场份额极其分散。预计未来在线教育市场份额将占整个教育产业的 20%～30%，由于互联网寡头竞争性质明显，最大的互联网教育公司可能拿下这 20% 中的 70%，必然是最大的教育公司。“这是不可阻挡的趋势，互联网上一定会诞生市值几百亿美元的教育公司，”徐小平说，“你想腾讯的市值从几亿美元变成 1000 亿美元，不就花了十年嘛。”

在线上拥有最大用户群的时候，也在线下占据了有利地位。将来没有一家教育公司是纯线下公司，所有的公司都要在线上找到自己的位置，否则要完蛋。“就像我从山上往下冲，你从山下往上冲，我的势能强过你，你肯定打不过我。”刘亚超说，“浅层次的学习会转移到线上，深度的学习会继续线下面授，这是百分百的趋势，但目前看不出变化的节奏。好未来一定要赌这件事，不赌就会死。”

好未来在内部孵化一些项目，有了平台级的模式或者技术攻关项目则进行投资。“互联网创业者不懂教育，懂互联网的教育公司好未来排在前列。”e 度教育网副总经理沈文博说。他同好未来的投资团队一块看项目，很多 VC 也跟他们交流。他觉得前两年的互联网教育创业者比较咋呼，很多人踩热点，希望别人知道他，好拿钱。2014 年他接触的几个创业团队则比较成熟，已经拿到钱了，怕羽毛受损，在研发探索阶段不太想让人知道。他们不懂教育，但懂大数据、懂语音识别、懂人工智能。“我们不会特别贸然地搞很多事情，最前沿的东西我们看，眼下的事情我们做，介于两者之间的我们愿意投。”

出生于 1980 年的张邦鑫，对新鲜事物充满好奇，他读 KK（凯文·凯利）的《失控》，去斯坦福了解教学研体系怎么搞，会将产品经理的相关书籍推荐给校长们看，学习如何做产品。他会告诉沈文博，某个帖子很好你们没有在首页推荐。他邀请淘米网的王海兵、凡客诚品的陈年、高德地图的成从武等人到公司交流，了解互联网是怎样的。

他的内心有互联网的梦想，相信互联网一定会改变教育，只是时间的问题。“他认为我们应该首先成为这个行业中最具备互联网基因、最接近未来教育模式的机构。”好未来联合创始人、好未来培优总裁白云峰说，“他有危机感，总是不断地试错，尝试一些教育与互联网结合的项目，这些新项目有可能因为外界环境不成熟，或者我们做得不够，走很多弯路。不管是先驱也好，先烈也好，张邦鑫会不断地去尝试。”

举个例子说，e 度教育网原先是为好未来内部家长和学生服务的，他希望e度教育网变成为整个教育行业提供服务的平台，这种尝试的方向可能是对的，但因为时机的缘故，最后没成。所谓成功，就是用合适的人在合适的时机做合适的事，最后得到合适的结果。张邦鑫是屡战屡败，屡败屡战。

张邦鑫富有感染力，每次找人来做一件新鲜事，首先是他自己充满热情，把人鼓动起来："来，我们一起做，这件事太好了，一定能成。"从2010年起，好未来花费了很多精力在互联网领域探索，如今冷静了一些，两年过去了，行业里还未出现一个特别成功的模式。张邦鑫认为，好未来的首要任务还是，先把传统业务扎扎实实地做好，颠覆没有想象中那么快到来。

相对这个世界发展的速度，教育的进步非常缓慢。数千年来，读书是少数人的特权，造纸术和印刷术并没有真正大规模地普及教育。教育的大规模发展是在工业革命之后，通过教育培养各种工种的熟手，满足社会化大生产需求。韩愈的"师者传道授业解惑"是1.0版的教育，千年以来没有本质的变化。2.0版的教育是第斯多惠的理念，唤醒学生对学习的热爱。新东方、好未来等教育机构或多或少地运用了第斯多惠的理念。张邦鑫认为，3.0版的教育不再是教育，是学习。教育是社会对人的需求，有金牌、有考试，变成了竞技与工具。学习则是人完善自我的过程，是一件愉悦的事。

现在的互联网教育，需求依旧是完善社会属性，需要考证、拿到文凭。需求和线下教育依旧是一致的，在需求没有发生根本变化的时候，线下的教育体验效果更好。这是互联网教育依旧没有爆发的缘故。不过互联网也引进了很多积极因素，就像造纸术和印刷术诞生之后推动了教育的发展一样，互联网让教育更便宜，解决了跨地域学习和随时回放的问题。只有某一天，当大家说不在意文凭了，我就是需要满足自我完善的需求，才会产生超乎想象的爆发，互联网对学习的推动才会产生质的变化。

好未来在线业务的增长减缓了线下业务爆发的趋势。张邦鑫觉得，投资在线足够早是好事。如果晚了，线下业务已经达到了一个很高的高度，再转型的时候就是割肉的感觉，痛苦得要命。现在，好未来线下业务大概还要三年才能达到鼎盛。在那之前，好未来的线上业务也起来了，那就不是转型，而是直接吃掉一部分线下业务的份额。

这家公司还没有开始被互联网“整”，就很紧张，有强烈的危机感，自己在折腾了。这可能与张邦鑫的年龄有关，他思维活跃，希望能够做一些更让人兴奋的东西。

作为一家账面上现金十多亿元、员工近一万人的上市公司，好未来有着得天独厚的资源优势，但是资源优势同时也是创新思维的束缚。所有的思考都基于现有的资源基础上。可能真正理解互联网教育的，是刚毕业的大学生：为什么要这样学习？我们应该是另一种学习方式。可能当他们把产品推出来，新东方、好未来就傻了——倒腾了半天不是这一代人要的。

这个时代就是，当你发现敌人的时候，已经晚了。

希望用互联网与科技推动公司变革的好未来，不是轻装上阵，既有资源优势带来的思维限制，也有资本市场财务压力，不能容忍随便亏损几千万元。树大招风，所有的人都盯着你，你根本不可能偷偷摸摸做出一个东西来。新东方盯着好未来，好未来盯着新东方。但是，颠覆有可能来自于他们都看不到的地方。宁柏宇说："真正的威胁我们还没看到，也许在我们看不到的地方已经诞生了。我们唯一能做的，就是拼命搞，熬夜吃苦，尽量排队排在前面。"

张邦鑫说："我们内部也做了一些创新基金，塑造创新的氛围。我们不求一步到位，让所有的人去搞创新，只要有一部分人能够做到就行了。我们更希望的是把创新平台建起来，让真正优秀的人脱颖而出。"

企业文化不具备平等、尊重、开放这样的基础，就不可能诞生创新的氛围。充分的授权是最坚实的基础，不需要做什么，有好的东西出来，员工能得到激励，创新氛围就会出来。张邦鑫授权比较开放，对业务直接的干预越来越少，有时候他与事业部总经理意见不一致，基本以总经理意见为主。

"我觉得我不是好的管理者，我对周而复始的事情、对流程不感兴趣。好在我有一批执行力很强的同事，不管我关注还是不关注，他会推动着他自己往前走。"身为 CEO 的张邦鑫，关注战略与人才。战略，他关注的是空间、路径与节奏；人才，他关注的是发展、价值观与待遇。2013 年，他又想了一招，上级给下属写工作报告，告知这周做了什么事，有何计划，进度完成得怎样。他感觉不错："把自己的心声讲给下属听，让大家知道领导也有喜怒哀乐，也有被他的领导批评的时候，也有苦恼的时候，都挺不容易的。”

张邦鑫关心人心胜过关心事情本身。他要人做事，一定先要让你在精神上认同这件事。如果你内心不认同，表面做出赞同的样子去做了，他会不爽。他很敏感，能够感知到你是真心还是假意。关注人心也会带来弊端，从大公司的角度来说，制度很重要，制度应该较为稳固，相对人情来说是守恒的。张邦鑫本身很想遵守制度，但他认为人心变了的时候，就应该迅速调整。他喜欢学习，喜欢反思，你批评他，他觉得你说得对，就直接承认自己错了。但造成的负面影响就是接受新东西太快了，比起他的团队来说，他跑得太快了。3D 打印问世之后，他就琢磨能否在课堂上运用 3D 打印技术，让学生学得更快乐。

刘亚超觉得自己节奏够快了，张邦鑫却说他：“你跟快一点关系都没有，你叫极度保守派，人家都自由民主科学了，你还在那留着辫子。”刘亚超觉得张鑫“太快了一点”。不过，他补充了一句：“但必须说，找死比等死强。一个 CEO 最怕的是功成名就之后自甘堕落，这是一个公司的悲剧。张邦鑫还在不断折腾，想把这家公司做得更好。至少，他在方向上是对的。”

他说：“好未来还不错，是因为好未来有一个喜欢折腾的 CEO。”

张邦鑫说，好未来在互联网教育上没有解决亏损的时间表，短期内没有盈利计划。他说：“在中国的十三亿人，希望像三亿人那样生活得美好，这个需求是正当合理的。但是教育资源不够均衡，唯一能解决它的是互联网。”他希望通过互联网让教育资源的分配更公平，更长远的愿景是，“用互联网让学习变成美好的体验”。

王 微

重新出发

“当你想把这个事做成的时候，就是哭着喊着满地打滚也要把它做出来。”

从拉萨出发，蹬过几个海拔 5000 米的山口，直至海拔 5200 米的珠穆朗玛峰大本营，转而冲下世界上最长的下坡路，尽头是海拔 1800 米的加德满都。2007 年 5 月，王微和他的朋友骑着山地车，花半个月时间，行完了这一段长达 1200 公里的路。他们时常在 318 国道路边驻扎帐篷。凌晨 4 点，因累死累活而饱睡一觉的王微，拉开帐篷，看到了晨曦里闪亮的雪山和露珠，他觉得很爽，然后，意识到："今天又要骑一天的车。"

那一年，王微的身份是土豆网创始人，他 2005 年创办了这家视频网站，2011 年上市，2012 年与老对手优酷网合并。这一段旅程，花费了他 7 年的时光。

2013 年，他又开始新的旅程，这次身份转换为：追光动画创始人。这是一家动画电影制作公司，你能找到的参考对象是美国的皮克斯。我接受邀请，参加追光动画举办的一次小型烧烤派对。环视四周，追光动画将办公室安置在一幢两层高的红砖小楼里，在开阔的露台上聚集了一群眼熟的人：优酷土豆集团董事长兼 CEO 古永锵、暴风影音 CEO 冯鑫、人人网董事长兼 CEO 陈一舟……身高 1.85 米的王微理着平头，穿着灰色短袖 T 恤、蓝色牛仔裤，微微佝着背，晃晃悠悠。

屋里的白板上贴着一排排动画电影的手稿，王微和古永锵站在手稿前小声交谈，我招呼他们，两人扭过头来，对着镜头露出笑容。古永锵说，他看好王微的作品。这是奇妙的一刻：在视频网站竞争最激烈的时候，他们视对方为最大的对手。现在，他们和谐地站在一起交谈王微的作品。一位前土豆高管说："2012 年优酷、土豆合并时，大家无法看到一年后的变化，现在看，合并对双方都是一个圆满的结果，古永锵擅长运营，优酷土豆由他来掌舵比较合适。而王微，经过短暂的调整，重新创业。两三年后，追光动画的作品一方面会在院线播放，而优酷土豆是一个非常强大的在线传播平台，那时双方又会再度联手，这是很有趣的事情。"

追光动画的第一部电影正在制作中，预计 2015 年暑期档上映，制作预算为 1000 万美元，初步估计票房要达到 2.5 亿元才能收回成本。重提从拉萨到加德满都的那段旅程，王微摇了摇头，说，自那次以后再也没有过这样高强度的旅行了，膝盖已经不能承受负荷。

经过漫长的视频平台战争之后，"内容为王"的声音日益高涨。中国电影市场正在井喷，释放出来的消费力正以每年 30% 的增速上涨，已是全球第二大票房市场。2011 年《功夫熊猫 2》上映，夺得 6.17 亿元票房，接近其北美本土票房，这让梦工厂 CEO 卡森伯格决定在上海创办梦工厂分部，让《功夫熊猫 3》直接成为合拍片，不占用进口片名额。在美国，动画电影这一分支票房占总票房的 12%～15%，在中国可能就 5%。这 5%里，70%票房由进口动画片贡献，例如《冰川时代 4》、《马达加斯加 3》、《里约大冒险》等。国产动画电影总票房可能只占整个票房的 1%，现实悲观，前景广阔。王微看好动画电影的前途，他选择从这里再出发。

这不是王微第一次进入娱乐产业的上游——内容制作。在土豆网的时候，他开始制作自制剧，这更多的是出于战略上的考虑：为了吸引用户到自家网站上看剧，视频网站之间的竞争变成了炒高电视剧版权的烧钱游戏，而难以承受版权成本的视频网站，为了避免内容同质化，避免版权诉讼官司，纷纷试水自制剧。

我不知道王微的内心是否还盘旋着那个念头：做像迪士尼一样的娱乐传媒集团。这是他在土豆网时期的梦想。那时他觉得土豆发展到了瓶颈阶段，他有点看不清未来。有一个多月的时间，王微一上班就在这个敞开的大办公室里踱来踱去，面无表情地思考，没有人敢打断他。直到有一天，他开窍似地大声说："我们要发展成一个传媒集团！"他立即召集人手开会，兴奋地告诉同事们：土豆网只是我们一个小小的平台，我们有要一个自己的电视台，有很多网络平台，还有网络电视台，有各种各样的终端，我们要形成一个像迪士尼一样的传媒集团。

对于再出发的王微来说，他现在要考虑的是，如何做出一部制作精良的动画电影，赢得口碑以及票房，就像皮克斯一样。

在2011年8月土豆网上市之前，王微和他的团队度过了艰难的一年，外面各种传言土豆撑不下去了，但他们还是咬牙坚持下来。“当时就像遇到交通事故的人，断手断脚，却爆发出很大的力量，肾上腺素高度分泌，对痛苦的感知麻木了。”王微说，“如果我乱了阵脚，团队早就不行了。基本上，那一年团队还是很稳定，没有人走，一切井井有条地往前推进。”王微骑自行车从拉萨到加德满都，知道身体的承受力极限在哪里，膝盖扭了每天吃药抹药止痛。但从2010年10月到2011年8月，他才知道心理承受极限在哪里。集中精力做一件事，像骑自行车一样，目标在那儿，不能不骑，该怎么样就怎么样。

2012年1月，王微在上海外滩江边散步，走到十字路口等绿灯。他突然觉得，“不管怎么着，做土豆还是一件很开心的事”。他站在路口思考，下定决心该为自己在土豆的七年画上句号。后来的故事众所周知，当年3月优酷和土豆宣布合并。“和人有生老病死一样，没有长生不老的公司。关键是每个人都走过一段旅程，公司也走过一段旅程，这段旅程是不是足够精彩，大家是不是得到了应该得到的。那个时候，卖出土豆是最好的选择。”

2004年年底，贝塔斯曼关闭了在中国的业务，王微时任贝塔斯曼中国区总裁。在知道世界上有“播客”这一事物之后，王微在上海一套租来的公寓里开始了土豆网的创业历程。这套公寓既是办公地点又是王微的住处。土豆网工程师吴骋孜回忆说，在大公司做职业经理人，王微打高尔夫球、住星级酒店，要资源有资源，要人有人，对他来说只是感到拘束，不能做自己想做的事情。但土豆初创的时候，王微坐地铁、骑自行车，要钱没钱，要人没人，要资源没资源，什么事情都要自己干。这一时期，是吴骋孜见过王微发火最多的时候。

“当年做土豆的时候，我从来没有接触过互联网，可能是无知者无畏。”王微说。

他发现，这几年招揽人才始终是巨大的挑战，他还很纳闷地问我：“中国最优秀的人才是不是都去做房地产了？”在美国，很多优秀的人才乐意待在小公司创业，而在中国，他们更愿意待在大公司。“工资肯定不会低，将来还有机会给他巨大的财务回报，而且能有机会做自己想做的。在土豆做事的成就感，永远超过在任何一个公司做螺丝钉的成就感。为什么会没有兴趣呢？可能（是因为中国人）对安全感的要求更高。”

但王微更渴望冒险和刺激，血液里的不安分因子总过一段时间让他躁动，需要走出办公室。

2007 年年初，土豆刚完成第三轮融资，王微立即准备启程从拉萨到加德满都的自行车之旅。之前，王微与五季咨询合伙人洪波以及土豆网的投资人在一起聊天。洪波问投资人：“你们刚刚投钱给他，他就要骑自行车去尼泊尔，你们放心吗？”王微回答：“没关系，我上了保险，受益人是土豆公司。就算真出事了，大笔赔偿属于土豆。”

这一个故事，说明他的两面性：一方面他热衷冒险、寻求刺激；另一方面，他思考风险，留好后路。洪波说：“他也知道公司不能冒险，他不是一个蛮干的人，他知道我做这件事需要什么资源，甚至为了资源会放弃个人利益。”因为多次融资，王微的股份被稀释得厉害，洪波就这个问题曾问过王微：“你不担心你的股份吗？”后者说：“那有什么好担心的，重要的是有没有足够的资源，把想做的事做成。为了这个目标，个人牺牲就牺牲了。”

“他喜欢冒险、厌倦安逸，一生都在漂泊。”和王微有多年交情的洪波说。

多名土豆员工及洪波均告诉我，王微喜新厌旧，每年有小半年的时间在外晃悠，这在创业型公司十分少见。五年前他更喜欢上海，但现在他更喜欢北京，所以经常到北京来。王微曾告诉土豆网资深公关经理陆洋：“在上海待这么久已经很难得了，你到北京可以发现一些更好玩的。”但是，说不定，过段时间，他又喜欢另外一个城市了。他喜欢新东西、新鲜的世界。

洪波说：“王微不喜欢一成不变的、计划好的生活。我觉得视频网站在中国的发展一路很不平坦，一开始带宽的需求飞速增长，需要找大量投资。到后来经营开始理顺的时候，又有牌照事件。后来又是网站之间互相掐架，这样一波三折的生活状态挺适合王微的。”

"他带着土豆一起玩，等土豆自己可以走的时候，他可能就没什么兴趣了。"

从土豆抽身之后，王微花费了大半年时间，在日本、美国、澳洲、欧洲漫游，他想过买一块地做葡萄园庄主，也想过买一艘游艇环游世界，但半年后他厌倦了这种生活，"为旅行而旅行很无趣，旅行本身是没有意义的。我不需要证明什么，别人怎么讲我不关我的事，我的满足、快乐和别人没有关系，我心里缺什么我自己知道。我希望我能创造一些东西，比我的生命留存得更久一点。"他觉得"伟大的作品一定比创作者本身更美、更有力量"，例如《向日葵》之于凡·高。王微有文艺青年细腻感性的一面，他喜欢创作，在《收获》上发表过小说，在他的 iPad 里，杂志分两类，一类是自然科学，一类是《纽约客》。他想要不干脆转身写小说去，很多有分量的中国小说写的都是北方的故事，他想写中国南方的故事。他的爷爷年轻时从福建到新加坡，做过海盗、警察、海关官员，当时新加坡还属于英国。二战爆发的时候，王微的父亲回到中国，现在快 80 岁了。王微想写他爷爷的故事，又觉得阅历不够，先放一放。

在漫游世界的时候，他一边走一边写剧本，第一个剧本是隐藏在三里屯做车夫的愤怒黑客，要毁灭世界，是一个悲剧结尾。第二个剧本灵感来自他养的两只猫，他家的白猫聪明，会开窗开门，但从没有离开过屋子。有一天王微看到它趴在窗口往外看，感觉场景很悲伤。于是他以此写剧本，故事是一只从未离开屋子的猫制造了一个火箭，把自己发射出去，寻找桃花源。第三个故事是古代的门神来到现代的历险记，后来这个故事成为追光动画的第一部动画电影剧本。

“土豆上市以后，人们认为我有名有钱了，人生到了顶点，就可以退休了。但我不是这样想的，土豆只是一段旅程，总会有新的东西。”王微记忆很好，他记得五岁的时候，他看到很多成年人天天不工作，那他们能干啥呢？他就对自己说，哥们，你长大以后不要变成那样的人。“哥们”是王微的口头禅。“我觉得一个人就应该非常珍惜活着的这点时间，做出一些自己比较骄傲的事。”

“从小到大，我不关心别人怎么看我，我只知道自己骗不了自己。小时候在外混，所有伙伴都抽烟，不抽烟简直不成体统，我就不抽烟。他们爱怎么想，我不关心。为什么做电影，关键就是我想做。人总要做点事情，这事情不可能只要有钱有名就行了吧？那有什么意义呢？如果失败，我就咔嚓嗝屁了吗？哥们还挺年轻的，还有很多事情可以做。”

土豆是王微七年的努力和坚持，他不认为这是一件多了不起的事，人生的意义远不止于做成土豆这件事，人生要做很多事，每件事都有它的意义，每个人来到世上总要留下一些东西，可能是公司，可能是电影。他喜欢表达也善于表达，选择电影是因为，这种形式能够让成千上万的人在同一时刻全神贯注地享受一部作品，被触动，被冲击，获得快乐或者伤感。电影是表达的浓缩，是现实的凝结。“没有什么东西能够像电影一样，让几千万人在一起做梦。电影是唯一让我感觉到既大众又是精雕细琢出来的艺术作品。和做平台不一样，每部电影都是新的创造。说实话，做土豆到后来有点无趣，左手买内容，右手卖广告，没有什么创新可言。”王微说。他对“权力和钱本身的操纵和去向没有兴趣，兴趣在于创造出一些东西，做公司是创造，写文章也是创造。”

王微喜欢《玩具总动员 3》的结尾，长大了的少年安迪，将他心爱的玩具胡迪和巴斯光年们送给小姑娘邦妮。他喜欢这个结尾：“离别是伤感的，但又很美好。人总要学会离开，一段旅程结束了，不可能再重走一遍，没有意义。”但有趣的是，他把自己比作玩具，土豆就是男孩安迪，追光动画是女孩邦妮。“这是我费了 7 年时间，无时无刻不想做成的东西，有很深的感情，到了我必须分开的时候，重新开始新的旅程。男孩长大了，要有新的生活，和小女孩在一起，会有新的开始。”

王微自称品位和大众差不多，他喜欢《飞屋环游记》、《超人总动员》、《驯龙记》，“干净的故事，又引人思考”；他也喜欢《千与千寻》，“灵魂列车在水上开过去那一段，非常非常动人”。王微对皮克斯的记忆，要追溯到 1997 年，那时候他在美国看《玩具总动员》：“哇，原来动画电影还可以这么做。”

8 年前王微想跟别人聊天，别人未必跟他聊。现在想做事，能找到很多人聊。他去洛杉矶、旧金山的电影公司，拜访了梦工厂、皮克斯。投资圈的、在好莱坞做得不错的华人他都聊上一圈，越来越觉得想法靠谱，也好玩。一开始摸不着北，不知道到哪儿招人，聊上几个月就找到脉络了。

2013 年 1 月，王微拜访皮克斯，皮克斯的大厅非常干净，只贴正在上映或者即将上映的电影海报，当时贴的是《勇敢传说》。这触动了王微，“过去就是过去，集中精力在现在”。他还去了工业光魔，那里看起来像博物馆，陈列着历史。“我不是说工业光魔不牛，他们依旧很牛。但是重点在于时光过去了，我只关心现在和将来。”他也去了梦工厂，但他更喜欢皮克斯。因为皮克斯人的眼睛在闪光，看得出他们很热爱动画。这是追光动画最需要的：激情。

在皮克斯，他看到三分之一的人做艺术，三分之一的人做项目管理，三分之一的人做技术。在银屏上呈现出来的是艺术，他从来没有意识到原来艺术的背后有这么多人在做支持。

王微曾经和乔布斯见过面，双方大半个小时是在吵架，乔布斯指责他的土豆偷东西。他想，哥们从中国过来，就一个小公司，你犯得着跟我在这儿计较，和我吵了大半个小时，有意思吗？他的荷兰哥们 Mark 是乔布斯粉丝，开完会到大堂里买纪念品。王微说，你太没出息了，我不去，就在那儿生闷气等 Mark。晚上在酒店，王微看乔布斯的介绍，看到视频《硅谷海盗》，乔布斯很有气势地说：“好的艺术家抄，伟大的艺术家偷。”王微差点从床上翻下来——早知道有这句话，就直接扔还给乔布斯。

后来，他仔细想，乔布斯给他最深的印象是不顾一切不讲理地追求他想要的东西。不像做平台，要包容，要适可而止，给人空间。做产品最终会是妥协的，那么一开始就要不顾一切追求极致。

乔布斯谈到皮克斯的时候说，没有纯正的文化基因，单靠技术、剧本、风格是没法避免模式化的平庸之作。我问王微能给追光带来什么？“追求极致，以及团队协作，始终保持一致。”他说。

在创办土豆前，王微有几年外企职业经理人经历，更早一点，他在美国求学，又去了欧洲的商学院读MBA（工商管理硕士）。据他的土豆网同事说，他的英文阅读水平强过中文，但他又喜欢读中国的史书——《史记》和《资治通鉴》。他的朋友、3G门户网站创始人兼总裁张向东记得，一次在三亚开会，休息时大家都在闲聊谈生意什么的，王微却趿拉着拖鞋坐在沙滩上看一本英文书，沉浸于自己的世界。

在美国和欧洲的长期漂泊，给他打下了很深的烙印。在谈到上市问题的时候，他说他完全不了解国内的股市，熟悉的是美国以及欧洲的。他更不了解我们所谓的国情。他曾直接与负责内容审核的有关部门人士发生冲突，吵得脸红脖子粗。他认为互联网的精神就是无所畏惧。2010年年初，有网友自己做了一个片子，里面有大量嘲讽青年人、讽刺现实和社会阴暗面的情节，很受欢迎，一些网站在第一时间进行了删除，但王微坚持不删。他屡次在同事面前说过一句话：“你不可能骗自己。”

当初，他创办土豆网有一个初衷。像贝塔斯曼这样的媒体集团会筛选内容，再呈现到大众面前，也许被贝塔斯曼扼杀掉的众多内容里，有可能产生轰动效应的节目。而土豆网把所有的东西都放到网上，让观众自由选择，并且决定哪个更具有影响力。但是，现在他妥协了，部分地违背初衷。2010 年土豆有六百余名员工，根据有关要求，就有一百多名员工负责审核用户内容。

土豆 CFO 黎勇劲以前是集富亚洲董事，是土豆的第二轮投资者。他说王微一开始不懂互联网、又没有与政府方面打交道的经验，这一步步走来，贵在坚持。“当你想把这个事做成的时候，就是哭着喊着满地打滚也要把它做出来”，吴骋孜好几次听到王微这么说。

2008 年，土豆面临牌照问题，王微说：“我做互联网的时候，几乎是一窍不通，而且刚回国没多久。2008 年碰到这事的时候，只能说我无知了。怎么办？我很郁闷，不懂那就学呗，办法就是找能教我的人，最后还算顺利解决了。”

他回忆起当年做土豆，“以前在外企做企业战略，200 多亿美元的公司，连部门预算都不碰，看的案子都是几十亿美元的。我们从来都习惯从上往下看，没有真正从下往上看。现在想起来挺可笑的，你问我怎么定预算，我哪知道；公司怎么注册，我哪知道；电信局大门朝哪边开，我哪知道。”最焦虑的时候是土豆刚创立的那半年，完全就是拍脑子想出来的，不知道用户在哪里，不知道产品行不行。看不清路时是最焦虑的，就像爬山迷路的时候；看得清路，就是身体辛苦一点而已。“第一是最缺经验，没有走过这条路，不知道；第二是做事情不够不顾一切，不够坚持，因为心里底气不足，判断上容易受影响。”

2008年，因为经济危机的缘故，广告受到影响。王微认为在没有看到广告规模有可持续增长预期的情况下，土豆网不能继续烧钱扩张，增加带宽。尽管此前他融了大笔的钱。这是王微创业来最痛苦的决定——控制带宽，降低了土豆网的用户体验。“他很要面子，外面的舆论压力又很大，这让他很痛苦。”陆洋认为，如果2008年土豆选择扩张，土豆是否存在都是一个问题。

王微在美国的同学布莱恩爱炒股，2002年因纳斯达克跌入谷底时濒临破产，十几万美元瞬间只剩余35美元，布莱恩有点想在美国申请个人破产，这样欠的钱可以一笔勾销。但是，七年内如果有破产纪录，对个人事业不是好事。得知此事后，王微将手头的3000美元借给了布莱恩，告诉对方千万不要申请个人破产。

据另一家视频网站的人士透露，王微这人很随性，朋友拎着两瓶酒就可以去他那里喝酒，但同时他又比较龟毛，对数据尤其敏感。土豆新上一个项目或新决策时，王微会依据他的经验、逻辑来分析和判断，但最基本的依据还是数据，比如有多少人用这个东西，点击量多少，不喜欢的人是多少，等等。

吴骋孜告诉我，王微喜欢在重大的公司决策会议上引用历史，媒体集团的发展史、媒体的发展史，甚至是国家的、政治的历史。他会很快速地从过去的事情里找到印证，去思考土豆未来该怎么做。王微说："大家都在不断地重复历史。"

王微的严谨还可以从一个小细节得以体现。土豆网工程师吴骋孜的英文网名比较冷僻，很多人都乱七八糟地叫错过。但是他第一次进土豆网，就听到王微字正腔圆地叫对了他的英文名字。王微还补充了一句："我专门翻过字典。"

陆洋说："王微不是一个做大梦的人。他是非常脚踏实地的，他有他的梦想，但是这个梦想背后一定有他能实现的逻辑。如果他想好要赚一个亿，他一定想好了有几条途径可以赚钱，这几条途径我要找谁谁谁，怎样做，我觉得他的脑袋有时就像一个电脑一样。"

在好莱坞，王微给追光动画找了两名顾问，一名全职工作人员——即追光动画视效总监韩雷，他在梦工厂工作了七年。韩雷感觉到国内动画制作与好莱坞的差距是两方面的，一是没有足够的生产经验、没有生产流程导致技术上的差距。同时，艺术的表现也有差距，"为什么好莱坞的《功夫熊猫》用中国水墨画做的效果感觉就是比我们的好看呢?"

皮克斯平均每部动画电影耗时四年。我提到这个数字的时候，韩雷反问我，你怎么知道的？他说和别人聊起这个的时候，都是惊叹要花这么长时间啊。中国动画电影比起好莱坞，还处于粗制滥造的阶段，投入少、时间短。追光动画打算用两年做成"门神"电影，这让韩雷感觉到压力，他期望三年做完，但考虑到商业市场，得两年做完，“我希望视觉效果能更接近美国水准，但我不期望也不希望别人期望，第一部作品就能跟皮克斯的一样，这不现实。制作周期短，成本也没有那么高。”2013 年，梦工厂《疯狂原始人》在国内票房 3.94 亿元，全球票房 5.77 亿美元。卡森伯格给出的数据是，400 人团队，8 年创作。

1997 年《玩具总动员》成本 3000 万美元，2013 年《怪兽大学》成本两亿美元。皮克斯的动画电影平均耗时四年。王微要用两年时间，1000万美元做出他的动画电影。这个预算够吗？他举《卑鄙的我》为例子，这个照明娱乐公司（Illumination Entertainment）和环球电影合作的动画片，以 6900 万美元的预算获得 5.4 亿美元的全球票房。王微向照明娱乐公司的负责人请教，对方告诉他严格控制流程，不要到最后再重头修改，剧本做好了就往前推。《怪兽大学》成本两亿美元，源自这部片子从立项到上映历时 7 年，人员不断变动，进程不断改动，导致成本高企。王微相信故事好才是最重要的。“《玩具总动员》当年是好电影，现在依旧是，因为故事好。尽管当年的技术在今天看起来比较简陋。”

追光动画购买美国软件，从剧本到技术都是自己做，没有外包。现在追光动画有 18 名成员，王微估计到动画电影上映的时候，团队成员将达到 300～400 人。人才很难找，“因为没有机会接触到有价值的工作，导致经验比较少。”韩雷说。

按照 1000 万美元的预算，票房达到 2.5 亿元才能够收回成本。国产动画电影目前票房最高的是《熊出没之夺宝熊兵》，2.5亿元。基本上中国动画电影就是低幼动画片，只会受到小朋友的欢迎，但是买票消费的是成年人。北京电影学院动画学院常务副院长李剑平说："和好莱坞相比，国内的动画电影欠缺的一是经验，二是资金，另外就是缺乏专业的制片人。"

如果要实现2.5亿元的票房目标，王微必须吸引成年人走进电影院，这就是他设想的"大手拉小手"。好莱坞的动画电影吸金能力超强，就在于它属于家庭电影，让大人与孩子共同分享欢笑与感动。据说《小门神》讲的是一个传统与现代冲突的故事，也是一个小人物用能力改变世界的故事。追光动画总裁助理殷钟睿说他第一次读到故事的时候，有眼前一亮的感觉，故事有严谨的逻辑和丰富的想象力。王微的人生阅历很有意思，给他提供了独特的视角，他在创作中能够想起现实生活的细节，用得恰到好处。他还会把握不同组织里的人的性格，放在一个空间里体现。观众看到的时候，会心一笑。

王微身兼四职：编剧、导演、制片人以及追光动画CEO。他看了二三十本好莱坞编剧的书，例如罗伯特·麦基的《故事：材质、结构、风格和银幕剧作的原理》。他把角色分得很清楚：导演负责项目的质量怎么样，好不好；制片人负责花多少钱、多少时间把项目做出来。"我觉得最重要的是，我们做的事情是不是足够让大家兴奋，能否找到最好的人放在一起互相激励。"王微说，"中国有很多优秀的人才，但不能直接拿来就用，必须花费很多精力培养他，达到美国标准。"

皮克斯首席创意官约翰·拉塞特说："Art challenges technology，technology inspires the art .（艺术挑战科技，科技激发艺术。）"王微说："这个世界是人文与科技的结合，中国的老话体用结合，光说体是虚无缥缈的，光说用是危险的。体是人文，用是科技。"

创始人必须有均衡的理念，不能只注重技术，也不能只注重艺术。好的动画公司是技术、艺术、管理三者的融合，缺一不可。王微在技术和管理方面有基础，前期建团队，花费力气最大的是在艺术上。

动画电影公司致命的失败是资金链断裂、核心团队流失。有些公司押宝在一部电影上，成了公司就好，败了公司就垮。王微做追光动画的优势之一在于资本优势。他引进基金投入追光动画。整一部电影 1000 万美元，对王微来说也不是难以承受的事。但他不希望别人认为他玩票，而引进基金能够规范公司管理。王微的朋友说："对于追光动画来说，做好第一部电影很重要，但没有一炮打响，影响也不是那么大，不会说公司就会出现问题。"

国内的流程和专业性差好莱坞很远。在好莱坞动画电影有称作 Layout（构图）的专门部门，镜头师考虑动画的镜头摆位，仰视、俯视、运动镜头等。在国内的制作里，没有这个专门部分，往往分镜或者剪辑的时候就做了。美国动画片很好看，原因是镜头取景特别巧妙。美国朋友给王微和殷钟睿现场演示机位怎么摆的，逻辑是什么，提供三种镜头让导演选择。殷钟睿说："艺术家不是睡三天起来，突然跑来告诉你有灵感的人，这样的人不适合做动画电影。动画电影有工期，有流程。好莱坞有创造力，也严谨、一丝不苟。”

李剑平认为追光动画的优势是国际化视野，对年轻人欣赏习惯的了解，“但是，中国动画还是要密切结合本土的力量，很多企业原来做的片子，甚至完全请外国人来做，最后效果并不好”。

原画师郑学志原先是自由职业者，现在每天早晨 7 点 45 分起床，8 点 10 分出门，8 点 50 分坐上班车，9 点 20 分抵达追光动画，9 点 30 分开晨会。会后就根据沟通的结果创作，周一、周四跟美国顾问电话沟通。未来两年一共 104 周，每周的进程表已经全部安排好了。“每天打开电脑工作，每一项计划都很清楚，技术部门提供了非常有效的软件帮助。每个人把手上该做的事情做得很好。”郑学志说。

王微明显把互联网公司的人性化管理带进这个行业。我看到茶水间塞满了零食、饮料和水果。郑学志连用几个“舒服”：“下班打车费用报销很舒服，葡萄很甜也很舒服，一开始食堂饭菜有点咸，跟阿姨提一提，现在就很舒服了。每周周五有小型 Party，吃烧烤，聊天、游戏，我在自由职业的时候感受不到，原来画画之外的事情还可以变得这么舒服。在这只需要把画画好就可以了，把所有的画画以外的事情都交给别人做，非常舒服。”

王微又高又瘦，看起来单单调调的，可能个儿太高了，习惯性和人说话的时候佝着背。他总是穿着 T 恤和牛仔裤，把自己往沙发里一塞，坐姿随便。追光动画的同事，觉得他没有老板架子，你问什么问题他都会耐心回答。下班的时候也会打招呼说，我爸爸今天来了，我就先走了。

王微说："毕竟是创业公司，所有的责任集中在我身上才能推动，如果不集中运行不会这么快、这么顺畅。找到优秀的人才组成团队，一方面所有推动力集中在我身上，一方面如何包容各种意见诞生足够的创意想法，这需要平衡。"

在土豆的时候，陆洋他们能在敞开的空间里看王微如何为土豆的前途烦恼一样，在这个敞开的空间里陆洋他们也与王微发生争执，甚至拍桌子吵架。王微觉得真理是越辩越明的。他喜欢和聪明人讨论，遇到下属不理解，有时会急得生气地说："跟你讲过很多遍了，逻辑很清晰，你为什么就不能花点时间去思考、捉摸呢?"

他平时性子随和，但也急躁，以前一着急马上脸色就变了。后来有人跟他讲"你别什么脾气都放在脸上，你要长大了"，王微控制脾气，急了怒了反而开始笑起来。"我跟他吵架，他怒了，就对着我笑。我觉得好恐怖啊。"陆洋瞪大眼睛有点夸张地说。

她意识到对方是老板，应该保持恰当的距离。刚有这念头，王微又招呼起她和土豆网几个哥们一块喝酒。"他觉得是就事论事，公私分明。"陆洋说。

但是，王微也有不可触碰的雷区。他从来不吃回头草，曾有走掉的员工想回来，被王微拒绝了。他觉得，对方既然能走掉，意味着对公司不认可，那对不起了，永远不可能再踏入土豆一步。曾有一员工离职创业几个月后想回来，王微告诉对方："你对土豆不认可，干吗回来呢?"

土豆前高管说，原来在土豆，王微脾气暴躁，会突然间发火，同事敬畏他，有些甚至怕他，不敢跟他说话。二次创业，他跟同事的年龄差距更大了，差了一代人，他变得更宽容、更耐烦，看到每个人的优点缺点，甚至会对大家说，对保安也要态度和蔼，像对待自己的同事一样。这是他在土豆绝对不会说的话。

殷钟睿觉得王微平易近人，他的论断你可以讨论。他也碰到过一些老板，虽然口头上说鼓励讨论，但一开口讨论就说，你问的是什么问题，这么傻的问题。谁还敢提问吗？但对王微你问再傻的问题，他都会给你慢慢娓娓道来，给你解释，给你讲。

他会认真听取大家的意见，但需要拍板的时候他也会站出来，不是冷冰冰的"我说了算"，而是用不伤害大家感情的措辞解释为什么。一开始，每天下午有一个小时的头脑风暴讨论剧本，后来发现这样太发散了，没法收回来。王微就说，大家积极参与，有很多好的想法出来，按照我们的时间进度，这个阶段告一段落，我们开始做下一阶段的事，剧本就定在这儿。在晨会上，有同事刚参加工作，没经验，做报告的时候很啰唆，像在写长篇小说。王微说，这些细节我们不需要知道，只需要知道你什么时候完成这件事。追光动画人力资源与公共关系负责人许红梅感觉，王微心态很好，不急躁。许红梅没有见到他骂人，就算有问题也是笑着说："这事不靠谱。"

心态好也有可能来自于他对动画电影做了深入的了解，心里有底，不像做土豆的时候，摸着石头过河。

土豆是互联网，不得不速度快，像打仗一样。但是做动画电影，必须是平静放松的状态才能做出好作品。以前做土豆的时候，拿百米冲刺的速度跑马拉松，每个人屁股后面挂着五把火在烧。现在好多了。王微说："那时候拼了命，干什么事都是粗放型的，现在有余力控制节奏。"

王微在土豆有过教训——操之过急，判断是对的，但是做得太早了。2008 年做黑豆高清视频，只囊括有版权的视频，类似天猫之于淘宝，花费了很多精力和时间，但这件事如果是 2010 年做就比较合适。

还有一个教训是，优秀的人才进来，最重要的是气质要跟将来打造的公司相符合。做土豆的时候，觉得人才太宝贵了，恨不得天底下只有这个人，不惜代价也要赶紧弄进来。有点像刚谈恋爱的时候，一见钟情，全天下就她了。就算可能在文化、做事风格上有冲突，也没关系。但现在就不会了，不合就是不合，那就算了，再看看别人，再也不会非她不娶。现在更讲缘分，在团队里的人才是最宝贵最值得珍惜的，不属于团队的人，即使很优秀，也没有到珍惜他的地步。

王微的逻辑能力比较强，他有次在会上说，周末又把剧本看了一遍，专门从逻辑的角度来看，看每个细节是否符合逻辑。文艺青年只是他的一个侧面，"如果只是文艺青年，不可能把土豆做起来。"许红梅说。

追光动画的 logo 像太阳，这是从夸父追日得到的灵感。王微最喜欢

《山海经》“夸父逐日”里的一句话“弃其杖，化为邓林”，后来的人吃着桃子解渴。“我觉得中国生命力最美好的年代就是春秋战国。到了汉代没有什么意思了，被权力和功利压得没有个性，人变成一块块泥塑，到明清已经看不到什么好玩的人了。很少再看到（夸父逐日）这样美好的故事，《三言二拍》里的故事让人觉得不舒服。我希望能够找回一些有自由、有血气的汉文化。什么事情都是在系统和系统的边缘地带才好玩。你看到所有好玩的东西都是在乱世、边界这些东西里。当系统真正建立起来后，人都会不由自主地被这种东西给带走，我比较喜欢初创的公司，比较喜欢创意的东西，我喜欢这种世界很大可以到处跑的蛮荒时代感觉。”在他眼里，电影处于蛮荒时代，有足够大的空间，动画是艺术与科技的结合。

“追光”是一个雪人的故事，从雪山上奔跑下来，向着太阳奔跑，慢慢融化。这有点悲情，又有点理想主义的感觉，还有点积极的态度：雪人虽然融化了，他也留下了东西在世上。王微的朋友说：“从王微的角度来看，他希望自己既然来到世上，能够留下一些东西，留下一些有意义的东西，创造一个公司也好，或者创造一些作品也好，本质上是一样的。”

时间流逝，故事流传。

包凡

野蛮生长

“我们坚定地追随新经济，新经济走到哪里，我们就走到哪里。”

视频行业一年多来最主要的三起并购案子，都与华兴资本董事长兼CEO包凡有关。在优酷、土豆合并里，他代表优酷谈判；他促成了百度收购PPS；在搜狐角逐PPTV的案子里，他代表搜狐谈判（PPTV最终被苏宁收购）。包凡晃了晃光溜溜的脑袋，怅然若失："我没想到苏宁的决心有这么大，这个案子也告诉我，在中国做并购，永远要考虑创始团队的因素。搜狗因为王小川不愿意卖给奇虎360；PPTV因为陶闯要独立，只有卖给苏宁，他才能获得相对独立的地位。"

中国互联网大约70%左右的融资、并购、IPO动作都跟华兴资本有着千丝万缕的关系。2013年百度收购PPS、阿里入股UC、阿里收购友盟、奇虎360并购搜狗（失败）等案子的幕后都有华兴的身影。2013年第一家在美国上市的中国公司兰亭集势，华兴证券是副承销商，该年11月在美国和香港IPO的中国公司去哪儿、博雅互动、久邦（3G门户母公司），华兴资本旗下的华兴证券分别是副承销商或者主承销商。2013年华兴证券还参与了唯品会增发2亿美元、奇虎6亿美元可转换票据发行、新浪7亿美元高级可转换票据发行等项目。不完全统计，华兴资本2013年交易额40亿美元以上。纪源资本管理合伙人符绩勋说："包凡往前跨了一大步，从原来的财务顾问到现在的证券业务。他有雄心，有魄力，也很果断。一个纯中国人，创业做投行，在短短10年里能做到这个规模，很不容易。"美林银行投资银行前董事、京东副总裁蒉莺春说："股票销售渠道是国际投行最重要的资产，中国本土投行在这方面比较薄弱。在资本交易市场，包凡的单比较小，资金交易量比较少，他认识的基金你拿一点他分一点，就分掉了。国际投行不愿意做的单，他抓住这个机会做起来。"

谈到华兴2013年在证券业务上的顺利，包凡说："3月份，我们ECM（Equity Capital Markets，股权资本市场）团队才到位。能做成这样，是过去积累的人脉爆发。"

包凡是精悍的小个子，好斗，练习柔术和泰拳。"我小时候爱惹事打架，不学一点格斗，会被人揍扁的。"他前倾身子，眼睛盯着我，右手抓住左手中指往手背方向掰："你知道关节技吗？一个大个子，看起来很强大，攻击他身体薄弱的地方，例如拼命扳着他的中指关节，他能反抗吗？这和做生意一样，两强相逢，有时候不是勇者胜，是智者胜。用最强的地方对付他最弱的地方。"

2004年成立的华兴资本一开始是为中国互联网公司做财务顾问。2000

年的百度只是给人提供搜索引擎服务的公司。2001 年，腾讯还是小公司。只是十来年的光景，它们已经成为排名全球前十的互联网公司了。包凡抓住了中国过去十年发展最快的行业。“创业者需要资本的对接，投资人在投资之前，跟他们的利益是对立的，他们需要中立者的帮助。我的想法是，给他们提供服务，钱少赚一点没关系，跟着他们成长。你发现了一个新市场，对手瞧不上，你就自己做，等你做大了，对手再盯着就来不及了。”包凡说。

他参加国际投行会议，看外国人讨论中国的政策发布，他觉得好笑：“他们天天说中国的转型，盯着发改委发布政策。事实上，转型每天都在发生，新的慢慢在取代旧的。很多传统业务已经被条条框框束缚了，民营企业只有找一个没人管的地方，先干了再说。等干成了，国家就认可这个既成事实。以科技创新为代表的新型经济，会变革所有的行业，变革的过程就是华兴的机会。”

包凡说：“华兴是野蛮生长出来的，在传统投行里没有生存空间，在国内拿不到牌照，需要不断寻找自己的空间，我们就先后拿到香港和美国的券商牌照。华兴与新经济血脉相连，华兴的机会就是发现了新经济这一代创业者需要专业的投行服务，但没有投行看得上这块市场。我们坚定地追随新经济，新经济走到哪里，我们就走到哪里。”

“我们生活在一个最好的年代，也生活在一个最坏的年代。中国的社会环境和监管环境对中国民营企业不是特别好，反过来说，中国的创业者也面临着绝好的机会，只有在转型过程中才有各种机会，当格局稳定下来的时候，窗口期就过去了。”

他认为，互联网会改变所有行业，首先颠覆的是传统广告。如今线上、线下广告基本上打平了，以后线上广告肯定会超过线下。互联网已经颠覆了媒体行业。接下来，游戏、视频正在颠覆传统的娱乐行业。电商对零售、微信对电信……云服务会改造传统的IT行业，医院、教育都会被互联网颠覆。“各个行业线上和线下的比例，长期来看会是5:5。哪个行业线上的比例小，就有被颠覆的可能。正在进行的O2O，就是对线下生活服务业的改变。”

我和包凡在北京东北四环的丽都酒店一家餐厅再次见面，他穿着印有詹姆斯·迪恩（James Dean）头像的黑色长袖T恤。詹姆斯·迪恩，是反叛青年的象征符号，酷爱赛车。包凡也喜欢赛车，喜欢剧烈对抗，喜欢极限运动。他觉得不把人逼急了，不知道人的潜能在哪里，但又要控制极限，无限接近却不能越过极限，否则要出事，这跟做企业很像。在香港开完会，他带着他的员工去看世界自由搏击大赛，拳手戴着薄薄的手套，不限招式，野蛮对抗，激烈粗暴。

2012年9月中国发生抵制日货、打砸日本车的事件，包凡就开辆雷克萨斯上街，看谁敢砸。“他是极具勇气的人。煽动民粹，毁坏私人财产是混蛋事，你反对日本人，你可以给日本政府写信抗议，你可以做很多事。你别把你邻居的车给砸了，那是人家的血汗钱。那时候在砸日本车，咱们最多不吭声，但包凡有勇气用行动抗议。”当当网董事长俞渝说。

有的人是打他一拳，他就往后撤，包凡则是别人揍他，他越往前冲。大家不看好市场的时候，他越觉得该进去；市场好得不得了的时候，他反而担忧。金融风暴之后，国际投行撤出中国，本土证券市场萎靡，包凡觉得这是华兴扩张的好时机，定下做全业务投行的战略，将证券业务给布局起来。他在2012年年初的公司年会上说，我们合伙人都想好了，要大干一场。很多人怀疑，不少员工也担心：市场这么糟糕，大干一场能行吗？这是一位银行家贪婪的本性，越是外界的人觉得不行，连自己员工都不相信的时候，越要相信自己的贪婪和野心。2012年，华兴资本成立华兴证券，2012年10月、2013年7月，华兴证券先后拿到香港、美国券商牌照。世道不好，不少优秀的人失去了工作，华兴能够以比较低的成本组建团队。黄莺春说：“国际投行成本高，在资本市场行情不好的时候，就要裁员，这是周期性的规律。包凡的团队小，成本低，他抓住了国际投行裁员的空隙，以小分队的方式进入了资本交易市场，挺不容易的。”

“布局证券业务体现了包凡的眼光。事实上，在2010年到2011年这一波上市潮之后，他就发现此前的很多客户都上市了，能够跟他们合作的机会变少了。他就想，市场逐渐透明化，未来单纯依赖私募融资和并购，不足以成大事。”华兴资本董事王力行说。为了把华兴资本积累的客户资源过渡到华兴证券去，他被派到香港和华兴证券的同事合作，采取人盯人的策略，合并客户列表，保证华兴证券覆盖到每个客户的重要决策人。“从 2013 年的情况来看，结果相对不错。”

包凡对生意有着敏锐的嗅觉，像猎豹一样，闻到血腥味就猛地扑过去。2012 年 3 月，优酷、土豆合并之后，爱奇艺 CEO 龚宇和包凡在上海喝酒，前者当时情绪有点失落。包凡出了个主意，考虑并购 PPS。龚宇想了想，觉得这个主意很好。包凡跟 PPS 的股东沟通，说视频行业到了终局阶段，PPS 应该找一棵大树来依靠。于是双方开始谈判，但是当时爱奇艺不是百度全资控股，交易结构比较复杂，并购搁浅。2013 年年初，百度确定视频战略，全资控股爱奇艺。包凡觉得时机成熟，重提百度并购 PPS，两边一搭上线，因为有 2012 年谈判的基础，很快就促成了这笔生意。

蒉莺春评价包凡是“把先做朋友再做生意这句话执行得特别好”。2008 年，包凡即认识了刘强东，当时京东融资，但是华兴判断风险有点大，未促成合作。包凡觉得刘强东有强烈的信念，有霸气，能够做成大事，也讲义气。2010 年，华兴再次与京东错失合作。直到 2011 年，华兴促成了 DST（Digital Sky Technologies，数码天空科技）15 亿美元投资京东。包凡花费了四年时间盯着一个人做买卖，“事实证明这是对的，找到靠谱的人，就能找到巨大的商业机会。你选对了人，就要不惜代价，哪怕花费四五年时间去盯着他。刘强东能力强，又讲义气，先做朋友再做生意。有的人能力强，但是利益当头，跟谁都只是做买卖，我也不会跟他深交。反过来说，一天到晚想着钱的人，也成不了大事”。

2005年，包凡认识了光线传媒总裁王长田。他一见面就告诉王长田：你不用先支付服务费，成功了再说，我希望给你们这些有潜力的企业家做一辈子的服务。但几次合作，最终都没有结果。王长田感受到，在这当中，包凡是站在大格局的角度来考虑的，不在乎短期利益。他会考虑到王长田的利益，也会考虑到对方的利益。如果只关注一方的利益，生意就做不成，即使做成了也会留下很多后遗症。包凡不是一定要促成生意，以便自己赚到钱的人。

包凡对事情判断准确，有重要原因是他掌握了很多信息，他是个信息集散地，他愿意跟人分享信息，别人也愿意跟他分享。王长田希望认识谁的话，就打电话给包凡，他很快做出反馈。包凡先后引荐了蔡文胜、周鸿祎、雷军等人给王长田，让王长田了解这些人在做什么，在关注什么。原先包凡住在世贸天阶附近的时候，每个周末就在世贸天阶那里见人，从中午十一二点开始，到晚上八点，一拨接一拨的人来找他，就像吃流水席一样。有的时候，他的下属跟他在那开完会，他就说，你们赶紧走，该下一拨了。找他的人很多是处于创业早期的创业者。

王长田说：“包凡培养的员工能够体现这个公司的文化，看重长远，而不是非要做成一笔生意。”有些公司追求过高的估值，华兴资本董事总经理杜永波会给创业者泼冷水，你的公司不值那个价，过高的估值不是好事。万一你的业务发展跟预期有差异，万一资本市场行情比现在差一点，你下一轮融资怎么办？上一轮高估值就会成为障碍。既有的投资人支付了过高的价格，坐在董事会上也不舒服，会找你麻烦。杜永波说：“我希望我的客户理性客观一点，不要只是为了追求过高估值。有时候我看到媒体上计算谁的公司估值多少，谁的身家亿万，就觉得很可笑。”

在谈合作的时候，杜永波觉得应该再为华兴争取一点利益，包凡就说：算了，痛快一点，别计较那点小东西，小钱就算了，交个朋友。他告诉华兴员工，你的眼睛不能盯在明年多做几个项目上，你应该思考这个行业会发生什么变革，哪些人哪些公司能够冒出来，成为最终的胜利者。你们要去找这样的人，也许他们生于毫末，还很小，但确实有潜力。

2006年，包凡为奇虎360做融资。当时奇虎360什么都没有，只有周鸿祎和齐向东等几个人的核心团队。这次合作是机缘巧合，回头再想，包凡才总结出：“我觉得老周的功力在中国互联网应该排在第一线里头，但他做的事没有达到这个级别，匹配不上。如果你看重这个人的能力，他未来做的事一定会匹配得上这个人。”

雷军做小米，一开始包凡看不懂，觉得手机硬件是红海，这事不靠谱，错失了合作机会。这一正一反两个案例，让他意识到“雷军在中国互联网绝对是够得上一线这个级别的，能做出一件价值100亿美元的事。你别管这事靠谱不靠谱，如果人靠谱的话，终究能做成靠谱的事儿”。

包凡和王长田几次合作没成，却成了朋友。包凡入股光线传媒，后来光线传媒上市，获得30倍的投资收益。王长田说：“如果一笔一笔地做生意，我付给他的顾问费会远远小于股票的利益，但我愿意给他，因为我希望跟他建立长远的关系。他是一个你愿意给他钱的人，你觉得他挣钱是应该的。”

包凡告诉他的员工：“要长期贪婪，不要短期贪婪。”2006 年当当网融资的时候，当当网 CEO 李国庆要找包凡帮忙看看如何做取舍。当当网董事长俞渝觉得没有必要，已经谈得八九不离十了。但李国庆说，用第三只眼睛看看更理性。俞渝和包凡合作，发现包凡不怕得罪她，如果两人意见相左，他会脾气很大地告诉俞渝，你不对，我对。有的财务顾问会顺着客户，但他不会藏着掖着。“他的技术很过硬，但最难得的是，他是诚实的人。有些人管结婚不包生孩子，包凡不是这样的人，他觉得这单生意合作会损害客户长期利益，他不会做。”俞渝说。

2013 年 3 月，包凡代表奇虎 360 与搜狐谈并购搜狗的事。当时按照 10∶3 来计算，奇虎 360 市值 30 亿美元，搜狗作价 10 亿美元。等谈得七七八八了，拖到了 8 月，奇虎 360 市值近百亿美元，搜狗作价 30 亿美元。这个价格奇虎 360 董事会觉得太高了，没法通过。但张朝阳也不同意降价——之前百度 19 亿美元收购 91 无线，导致并购市场通货膨胀。

搜狗 CEO 王小川一直不认可这件事。他的想法是，这房子我一手一脚把它从烂砖烂瓦的状态变成住着舒服的房子，结果房子要卖了，新来的不好好照顾它，还要把它拆了。周鸿祎最大的顾虑是，花高价买了搜狗，但王小川带着团队出走，钱也付了，人也没了，不成了中国互联网第一傻了么？包凡和搜狐 CFO 余楚媛在金宝街马会会所见了几十次面，花了半年时间折腾这件事。

包凡后来建议周鸿祎放弃，风险太大，成本太高，还有可能搅乱奇虎 360 团队的军心，破坏企业文化。“客户为什么信任华兴，因为华兴不站在自己的利益角度做事，先考虑客户的利益。这件事要是做成了，一年以后崩盘，老周得恨死我了，我在业内也要被人骂死。”包凡觉得遗憾，又觉得何尝不是解脱，谈到后来越谈越痛苦，双方的距离拉得越来越大。

“对我来说，这就是一个交易。我这辈子做成的交易多了，没做成的也多了。我对我自己的定义，是一个做企业的人。华兴的发展不是靠这一两个案子。如果是华兴刚成立的时候，我还得靠这一两个案子壮壮声势，但现在有这个好，锦上添花；没有，我照样发展。只要能看到华兴未来的大势，我一点都不担心。”

2013 年，并购在互联网行业集中爆发。包凡说：“大家以为并购是短期的，由于移动互联网的革命，未来格局会有很大变数，并购才刚刚开始，还会继续，并成为常态。只不过，有时候是并购的大年，有时候是小年。”他代表奇虎 360 与搜狐谈并购搜狗的事，代表搜狐与 PPTV 谈并购；他既帮当当做融资，又促成 DST 投资京东 15 亿美元；他在优酷、土豆合并的案子里穿针引线，又促成了百度并购 PPS。百度、腾讯、阿里、奇虎 360、大众点评、美团网等都是他的客户。“我引以为豪的是，在中国互联网这个江湖，除了华兴没有其他人能够跟所有人做买卖。我们只把自己的专业做好，不轻易站队，不瞎掺和其他事。”包凡说，“内部分得清，信息不能交流，这个底线很重要，越过一次就完了。周鸿祎想，我跟你谈的，你去告诉马化腾了；马化腾想，我跟你谈的，你回去告诉周鸿祎了。那你就完了。”2012年华兴资本香港年会，腾讯总裁刘炽平上午刚走，周鸿祎下午就来了。

俞渝说：“包凡能够跟百度做生意，又跟奇虎360做生意。这源于企业家对他的尊重，他要是不做刘强东的生意，我肯定高兴。但我不能拦着别人做生意，那是他的饭碗。他不瞎八卦，我从来没有从他那里听说过刘强东穿什么衣服，开什么车，他把边界分得很清楚。”

包凡说：“你看拳击，在笼子里打得你死我活，但出了笼子大家又是兄弟。这是男人真正的勇气。商场也一样，我们可以争个你死我活，但又彼此很真诚。”

2008年，华兴雄心勃勃地做区域扩张，在上海设置团队。但是遇到金融风暴，2009年全年只做了四五个案子——相比现在，华兴仅仅私募融资这一块一年就有二三十个案子。当时，杜永波调低了年终奖的期望值，结果到手的超出了他的预期。他知道合伙人都没有拿一分钱的奖金，不由佩服包凡的胸襟。包凡说：“这个行业最关键的是人，只有最好的人才能做成最好的事。这意味着公司要靠激励机制和企业文化吸引、留住人才。激励机制让人感觉到有钱赚，企业文化让人有钱赚的同时感觉干得爽。”华兴是独立投行，管理者就是股东，做得好的下属未来都有可能成为合伙人。

华兴很早就重视人才梯队的建设，杜永波刚来华兴的时候，公司只有10个人，很多公司在这个阶段是抓现成的人才来用。但华兴一开始就从清华、北大招人，从分析师开始培养。俞渝说："包凡的团队成长得很快，我看到了他下面两层人才的成长。别的公司你可能就看到老板一个人，左手拉着马化腾，右手拉着马云，使劲在那里张罗，下面的人传不动球。但是华兴，2006年和当当打交道的那批人，现在已经独当一面了。"

未来十年，包凡希望做到华兴的"去包凡化"，将一家个人的企业做成真正的机构。现在的华兴还是在依靠包凡个人的口碑、人脉与资源。他希望十年后，华兴摆脱掉包凡的影响。这需要他在公司治理机制、分配机制和人才培养上下很大工夫，他本人也需要学会放权。包凡老是跟他的下属开玩笑，过十年我可能就要退休了，不干了，就看你们能不能扛起华兴的大旗了。很多人以为他开玩笑，回答说你永远不会退休。"我是很认真说这句话的，我必须给自己设置一个时间表，如果到那时候，我还不能把华兴做成真正的公司，摆脱我个人对华兴的影响，华兴就是失败了。"

谈及过去的对手，他摆了摆右手，做了一个驱赶的手势，说："那都是过去式了，我的对手现在是国际大投行。当然，他们太强大，我还很弱小。我和他们现在既有竞争又有合作，他们说我是狼子野心。"

符绩勋说："中国企业往外走是必然的趋势，走出去有两种办法，一种是自己设立办事处，另一种是并购、投资。包凡能够在这方面有所作为。"

就像摩根、高盛跟随美国企业走出去一样，如果要想成为世界级的投行，华兴必然也会跟随中国企业走出去。

俞渝对包凡说："如果中国有人能够成为摩根，那就是你。你需要耐心，摩根是什么时候开始用财务手段整合美国铁路、钢铁行业的？63岁。"

包凡说："我就想成为我，我希望未来世界上最牛的投行就是我。Google当初要是说我想成为下一个微软他就死了；Facebook想成为下一个Google也死了。一家伟大的公司就是要走自己的路，核心就是三个问题：你服务的人是谁？给他解决什么问题？为什么是你服务他？不同年代有不同的成功故事，摩根、高盛是在特定历史时期里的伟大故事，我们赌的是下一个二十年的事，肯定不会是成为下一个摩根、高盛。他们的成功不可复制，如果哪天华兴成功了，华兴的成功也不可复制。因为时代不可复制，机遇也不可复制。"

中国到了变革的时代，改造旧有格局是很难的，不如走出新路子，打造全新的经济领域，这些领域没有历史包袱，没有条条框框的限制。通过新技术、新模式重新切割现有产业的格局，这里面有巨大的机会。所有用户需求得不到充分满足的领域，所有效率是低的、交易成本是高的领域，所有被监管过度的领域，未来都可能被新技术、新模式颠覆。这就是新经济，中国未来经济转型的关键，也是包凡眼里华兴不容错过的机遇。

他脑子里想的市场份额是，中国未来四五年后，新经济里最牛的100个人，多少个是他的朋友："什么是成功？新经济里最厉害的创业者到我这里来，最厉害的投资人到我这里来，最厉害的投行人到我这里来，我就成了。”

郭去疾

世界可以更平

“中国五千年来，没有一个全球性的商业品牌，兰亭集势要做到。”

2006年夏，《世界是平的》的作者托马斯·弗里德曼来中国演讲，李开复在北京全聚德烤鸭店设宴款待他，席间，有人问弗里德曼，除了外包、研发中心往第三世界转移以外，还有什么例子能说明世界是平的、会有什么样的影响？

时任Google中国首席战略官的郭去疾，并不满意弗里德曼的答案，这个问题在他心底留下了影子：世界是平的，这里面有什么创业的机遇呢？

2006年，电子商务的商业模式已经非常清晰，国内的卓越网冠上“亚马逊”后缀已有两年，马云也因阿里巴巴和淘宝这两家分属B2B、C2C的网站而声势日盛。

郭去疾与创办过博客中国的文心交流，后者也是海归，有在美国生活的经历，对电子商务的商业模式也很认同。两人开始设想如何去做海外消费者的生意，最早是想做B2B，直接找海外的小批发商。郭去疾还找来卓越前副总裁刘俊，刘俊又拉上当当和卓越的供应商张良。2006年年底，他们的想法基本成型：做跨国B2C，用Google推广，用Paypal支付，用UPS和DHL发货。这就是兰亭集势（Lightinthebox）的基本模型。

在中国经济发展模式转型的大背景下，以外贸出口为主的中国中小企业面临产业升级的巨大压力，兰亭集势应运而生。这家2007年3月18日正式上线的网站，2013年6月在美国纽交所上市。

1984年，9岁的郭去疾和母亲从成都出发，乘坐火车沿着陇海线前往北京，窗外的风景与20年前他母亲看到的没有变化。1999年，郭去疾最后一次乘坐火车途经陇海线，风景依旧是寸草不生的山与黄土挖成的窑洞，与他9岁时看到的没有区别。陇海铁路是中国贯穿东西连通欧亚的动脉，西部的农民沿着陇海铁路去东部沿海工厂寻找工作机会——后来，海归郭去疾在这些工厂里寻找生意机会。

告别陇海铁路，郭去疾满怀希望踏上美国大陆，从1999到2005年他浸染在美国商业文化中，在硅谷见证了不少奇迹，深受当地冒险精神的感染。他说："我是四川人，硅谷把我的血液洗了一遍。"在世界上最好的三家公司：微软、亚马逊、Google，他学到了自主开发软件、零售公司的精打细算（亚马逊用廉价的薄纸做名片让他印象深刻）、用数据说话与创新精神。

这句话他一辈子记得。他向亚马逊创始人贝索斯汇报工作，后者告诉他："你要和我有眼神交流。"回忆当年，郭去疾说："这些人给你定下很高的标杆，你为什么没有遇到境界的天花板，因为你和大师对话。”

“在国内的全球化电商中我们是做得比较成功的一家，有偶然性也有必然性，必然性是我们天生有全球化的 DNA。”

他认为，兰亭集势目前是一个全球 B2C 公司：将全球的商品销售给全球消费者，只是恰好现阶段销售中国的商品。兰亭集势目前用 16 种语言销售，郭去疾准备再上 10 种语言。他也在考虑开设海外采购中心，韩国有可能成为第一个设立点。因为韩国在服装与配饰产业有很多优秀设计师，这个国家也是东亚三国中与全球消费者的品位接轨最紧密的——《江南 style》就是证明。

郭去疾说：“中国的本土市场太大了，所以中国公司的全球化动力不强，中国绝大多数成功企业，是利用中国市场的特殊性，快速复制一种在全球已被证明的商业模式或者产品。而美国、欧洲、韩国的企业，是抓住了万变不离其宗的市场本质规律在全球取得成功。”

2003 年，郭去疾在斯坦福就读 MBA，他所在的学习小组 6 人，共诞生两家上市公司：Trulia（皮特·弗林特与萨米·因基宁创办）、兰亭集势。郭去疾很爱斯坦福，那个浮华喧嚣、勇于冒险、脚踏实地、低调谦和等多种特质混合的地方。从西雅图到斯坦福，独自驾车 14 小时飞驰 800 英里，第二天睁开眼睛，郭去疾感到：“我的人生改变了。”他没有错过任何一场大师的演讲——2005 年乔布斯在斯坦福毕业典礼上的著名演讲，他在台下。他没有错过任何一次派对，来自全球的富二代白天用功学习，且热心公益与创业，夜晚在带游泳池的大房子里开派对，用每 15 分钟一班的班车接送同学。斯坦福遍地“扫地僧”：思科董事会主席像学校工人一样穿着马甲抱着讲义走进课堂；其貌不扬的讲师，英特尔（intel）和美国艺电（EA）是他的投资案例。

郭去疾在斯坦福找到了强烈的身份认同感，这是在中科大、伊利诺大学、微软没有的。他不是专注研究的学术达人，也不是热爱编程的极客。在微软，他向当时的微软全球副总裁、现创新工场董事长兼 CEO 李开复抱怨：微软为什么将职位划分得这么死，我就只能编程？我有那么好的战略思想，都浪费了。

李开复发现，郭去疾的课外作业做得更好，他参加华人员工俱乐部，组织活动，讨论商业话题，成为意见领袖。在斯坦福，他喜欢聚会、喜欢发言，收到同学“你今天发言很棒”的邮件让他满足。“我们是同一类人，没有羡慕嫉妒恨，互相激励。”

个性张扬的郭去疾如鱼得水，“总体来讲，中国是压抑个性的社会，个性张扬要以付出代价为前提，在斯坦福，你 high 得跳上桌子，大家为你鼓掌，跳到天上，大家伸手把你接住”。他热爱组织活动，广结人脉，而且聪明大胆，善于捕捉细微的机会。李开复算得上郭去疾的人生导师，郭去疾进微软、上斯坦福、去 Google 都获得了李开复的帮助。他们的结识始于一次邮件，时任微软中国研究院院长的李开复将演讲题目发给全体实习生，郭去疾回邮反驳李开复的观点，他的胆识和思考能力给李开复留下深刻印象。李开复看好他，推荐他去西雅图微软总部面试。

微软让他失望。“微软为过去的事忙碌，不是为未来的事，Windows XP 已经够好了，他们还在研究 Windows 下一版。2001 年，Google 起来了，听不到任何关于搜索的讨论，从上到下的决策，沉浸于过去的世界里。再怎么聪明，选错了方向，永远没有出路。”

他开始考虑回国的事情。2000 年以后，他已经意识到中国有好的机会。一方面，中国第一批互联网公司在美上市；另一方面，2001 年中国正式加入 WTO（世界贸易组织）之后，外资企业在中国的投资增长迅速。

2002 年，在微软工作一年的郭去疾，觉得自己肯定要回国。这段时间是他的迷茫期，想回国创业，又觉得应先在美国读博士。李开复说：“中国就要崛起了，等你把博士读完了，中国都崛起完了。”在李开复的建议下，郭去疾先去斯坦福读 MBA。

他的想法是帮助中国的公司国际化，但找不到一个合适的企业来实施，反而是更多的美国企业想找他这样的人帮助他们进入中国，例如 eBay、亚马逊、Google。他作为亚马逊团队中唯一的中国人到北京参加收购卓越的谈判，在谈判桌上，郭去疾目睹了中国的创业者是草根的、稚嫩的，充满理想主义与革命情怀，谈判技巧差很多。他想象了一下中国和美国的 WTO 谈判，“我可以想到是什么样的，肯定谈不过老美”。

直到 2011 年，卓越网前执行副总裁、凡客诚品董事长兼 CEO 陈年，还愤愤不平地告诉我："为什么亚马逊可以这样？因为它是强大的美帝国主义。他们看不起你，你所有经验在他眼里都不值钱，我们是鸡蛋撞石头。我对所谓西方民主的所有幻想就破灭了。我懵了，你以为有什么平等的游戏规则，全扯淡。"

站在中间立场的郭去疾说："我能够看到他们双方都有自己的立场和道理，问题不是谁对谁错，而是怎样有效地解决一些冲突。这段经历，对我后来在 Google 的工作很有帮助，开复是中国最擅长处理中国和美国之间差距的人。"

2005 年，新东方联合创始人、真格基金创始人徐小平到斯坦福寻找投资机会，他见了很多人，唯独郭去疾邀请他参加活动，向他伸出友谊之手。徐小平觉得郭去疾聪明又友善，他一度将自己的投资梦想寄托在郭去疾身上，希望和他一起做投资，在带游泳池的大房子里天天谈项目（他还带郭去疾去看了那套大房子）。徐小平是兰亭集势的第一位天使投资人，2006 年年末为这家公司提供 10 万美元的启动资金。

2009 年郭去疾完成 1127 万美元的 B 轮融资。他借了徐小平的大房子举办派对，邀请了二十多位客人，徐小平特意请来四重奏乐队。在豪宅里，郭去疾让客人细品创业诱惑之一——财富的美妙感受，激情澎湃地说："中国五千年来，没有一个全球性的商业品牌，兰亭集势要做到。"这震撼了徐小平。

徐小平评价郭去疾是“冷智慧和热暴力的经典结合”。郭去疾冷静沉着，逻辑缜密，又拥有雄辩家的口才，在气势上压倒对方。他有次与徐小平以及某位投资人见面，说了一段让徐小平觉得荡气回肠的话：自古罗马以来，人类征服世界就是前往各地建立指挥基地，跨国公司的模式和古罗马帝国没有两样，费用高、人员多、管理复杂。现在会有第二种征服世界的方式，不用在非洲办公司，不用在美国建立分部，这是同一个世界、同一个梦想、同一个总部。

这种雄辩家的演讲方式，5 分钟打动了联创策源总裁冯波。郭去疾告诉他：“世界上最早的 VC 是西班牙女王投资哥伦布发现新大陆，每一个哥伦布背后有一位西班牙女王，有航海文化的兰亭集势要做哥伦布，你要做我的西班牙女王。”

他直率强势，与人相处难免太过锐利，柔和不足。2007 年年中，郭去疾和徐小平吃饭，当时徐小平已经投资了一些公司，亏损比较大，心态不好。郭去疾在没有打预防针的情况下突然提出，借我 10 多万美元吧。徐小平拒绝了。后来，郭去疾在自己的生日会上告诉徐小平，他感到自己受了侮辱。这是郭去疾的缺点，他聪明绝顶，说话直接点到问题的灵魂，少了铺垫、绕弯。徐小平说：“如果他先说公司发展前景很好，我就会觉得 10 多万美元不算钱。”

2007 年年底，兰亭集势现金流紧张，郭去疾提出向徐小平借 80 万元。恢复元气的徐小平说：“好，明天给你。”兰亭集势联合创始人、联席总裁文心在徐小平司机家门口等了一个通宵，烟头丢了一地。也是在郭去疾告诉徐小平“你那次没给我钱，我伤心了”的生日会上，文心告诉徐小平：“那次给了钱，救了公司。”

兰亭集势的另一位天使投资人周哲说：“我认识的读完大学才出国的人里，郭去疾是说英语说得最好的，绝大部分人口音改不过来，表达能力也不够。不知道是天赋，还是后天练成的。聪明人很多，但像他那样表达能力强的聪明人就不多了。”

周哲说：“你要说服他很难，辩论的话也辩论不过他，他有一套自己的逻辑，能够讲圆范，除非你有数据。他也不是为了说服你，就是觉得你太天真，（让你）不要那么天真。”郭去疾观点鲜明。周哲打了个比方，十件事里，一般人三件事有正面观点，三件事是负面观点，剩下四件事是中性的，但对于郭去疾来说，要么正要么负。

Google 中国的同事们回忆郭去疾，第一印象是聪明，第二印象是强势。在 Google 中国，喜欢郭去疾的人不多，因为他什么都会批评，从财务到采购，从人事到产品经理，没有他不批评的人。他很直率、尖锐，让人下不了台。这导致一些人怕他，躲着他走，除非问题积攒到非找他不可的地步；年轻人也容易被他伤害，甚至造成人才流失。“他需要成熟、聪明、心理坚强的合作者，来弥补他的缺陷。”Google 中国原运营总监、创新工场 COO 陶宁说。

出来创业，郭去疾最大的挑战是如何从单打独斗的聪明人变成一个聚集很多聪明人的多元化团队的管理者。兰亭集势是小联合国，各种肤色的人才聚集在一起。2013年的“马可·波罗计划”，从法国、意大利、西班牙直接招聘人才到中国。郭去疾告诉周哲，管人确实跟管产品不一样，产品没有感情。他反省自己不是足够好的CEO。当然，他认为自己最重要的事都做正确了，犯的错相对来说都是小错误。

在兰亭集势历史上，有2000名员工（含工人）流失，其中“优秀的员工不足200名”（郭去疾语）。但是，这家公司现在也不过1200人。郭去疾说他现在的挑战是，原先公司里的人是自我要求比较高的人，现在做电商，遇到很多普通的人，不是每个人都想成为伟大的创业者或者伟大的经理人。他更需要关注这些人的诉求。另外，从优秀到卓越的公司，对人才有吸引力比较有限，如何吸引优秀的人才，同时在成本上保持平衡，这是他需要关注的。

他从李开复那里学到包容，一个人与你有不同的意见，可以让他尝试；也学会在人性化管理和制度化管理之间寻找到平衡点，既要有严格的制度，也要有人情味。李开复评价郭去疾：“他是霸道的天才，我更偏向宽容，支持放权。这各有各的优势。我觉得他向我这个方向走一点，对他来说是好事。他也许走了二十步，或者五十步。如果他一步没走的话，可能就不会有今天。”

“他一帆风顺，欠缺了一点谦和，但他还是有进步的，现在这样也差不多了，再进步就把他变成圆滑的人，也没有意义。”李开复说。

我谈到他的强势，郭去疾说："你觉得我比刘强东、周鸿祎更强势吗？我觉得我最强势的时候是，观点和真理的方向背道而驰，我要把它拉回来。如果强势的诉求是建立权威，在我看来就是一文不值。如果是为了寻找真理，强势就是牺牲自我成全事业。"

2008 年年底，郭去疾去深圳出差。他住在汉庭，房间窗户镶的是单层玻璃，早晨起来很吵。"以前在 Google，我可以说把中国所有的五星级酒店都住了个遍。现在创业了，就住汉庭。"

过去他与美国常春藤名校毕业的人打交道，在华强北，他面对的很多供应商是中学甚至小学毕业。他与供应商在华强北的摊位里开会，开着开着，有客户上门，供应商就中断会议，处理生意去了。

他安之若素。在成都长大的郭去疾，家附近是成都火车北站，他父母是成都铁路医院的医务人员。火车站三教九流特别多，偷包的、乞讨的、玩扑克牌骗人的，什么都有。郭去疾去医院找做护士长的妈妈，总见到打架斗殴的人被送进来。火车北站附近有中国西部最大的集贸市场——荷花池批发市场，肮脏、混乱、嘈杂，他常跟着父母去那里买东西。"这些东西对我来说不陌生。"郭去疾说，"我们这一代创业者有一个优势就是，既可以在高端酒会上穿燕尾服讲英文、喝香槟，也可以在路边摊跟华强北的供应商喝啤酒、吃烧烤。"

陶宁说，当时郭去疾去做兰亭集势，Google 中国很多人是技术出身，觉得郭去疾怎么去做了一个这样没有技术和智商的东西？

显然，兰亭集势对于沉迷于技术的极客来说，不够酷。但是，很快的，陶宁他们意识到，他们没有看到当中的机会。“从 2003 年到 2005 年，我的理想是帮助中国企业走向世界，这个理想没有找到合适的企业实施，反而很多美国企业想找我帮他们进入中国；然后，我因为这个回到了中国；现在，我（选择）创业。既然没能实现我最初的理想，我就自己创造一家这样的公司。所以，人生有时候就是这么有意思。”郭去疾说。

信息革命以及全球化浪潮，改写着全球产业的秩序。因为中国互联网用户习惯免费音乐，郭去疾想做一个提供正版音乐免费下载的Google音乐。陶宁说，这事太难了，讨论、放弃了无数次，郭去疾是唯一没有放弃的。每次都是他谈出一点进展，提出新解决方案，大家又在会上把它驳回。每驳回一次，他就回去再想新方案。他不断地寻找音乐人士。一开始，人家都不理他，盗版那么多，你能解决我的问题？

郭去疾记得，除了四大唱片公司，还有 300 多家独立唱片公司，都要一家一家地谈。2008 年 5 月，他和同事飞到伦敦，和百代的数字总部谈判。百代邀请他们参观音乐圣地录音棚艾比路工作室（Abbey Road Studio），这个自 1931 年起正式启用的录音室，录制过卡拉扬、韦伯、披头士等的作品，也录制过《星球大战》、《勇敢的心》等电影配乐。一位在那里工作了 30 多年的老太太接待了郭去疾一行人，给他们讲解每个录音棚的历史和经典作品。郭去疾感觉非常神圣，这是一个仪式，Google 的数字音乐，可以说是传统唱片业的掘墓人，但给他们打开这个大门的，又是传统唱片业30年的见证者。在这样一个全球唱片业圣地，Google与百代达成了协议。签约的百代资深副总裁，搁下笔后就失业了。因为全球唱片业都在裁员，这是他做的最后一件事。

郭去疾百感交集。

互联网摧毁海外贸易的壁垒。苏州虎丘茶花村婚纱产业占国内市场70%，多数是低矮脏乱的作坊，依靠电风扇驱走闷热潮湿的气候。婚纱从这里出发，按照“工厂－出口商－进口商－批发商－零售商－消费者”的路径，抵达德国、俄罗斯、日本等国家的消费者手里。外贸B2C电商网站的兴起，路径被简化成“中国工厂—中国零售商—海外消费者”。兰亭集势便是这类网站的典例。

这家建立于2007年的公司，正赶上金融危机时期。海外订单的缩减导致中国专做外贸的中小企业大量倒闭，中国靠压低劳动力成本来换取市场的OEM（Original Equipment Manufacturer，原厂委托制造，即代工生产）模式已经走到了尽头。它们需要转型，建立一套细分产品市场的精细化生产流程，赚取比OEM模式更多的利润。兰亭集势恰逢其时，它直接面向海外消费者销售中国制造的婚纱，扩大苏州虎丘婚纱作坊的规模，安设日光灯与空调，整顿流水线，提高质检标准，以多品种、小批量、快速销售的方式改造供应链。兰亭集势库存周转率一年20次以上，传统外贸企业一年可能只有三五次，直接与海外消费者对接的兰亭集势给了供应商更高的利润率，更及时的资金结算——平均30天做结算，远胜传统外贸公司的60～180天。

根据The Wedding Report, Inc统计调查，2011年，美国地区平均每件婚纱的价格在1166美元，而同期兰亭集势婚纱的平均价格仅为209美元。借助中国低成本外向型制造基础，全球化的支付和物流解决方案，以及面向全球的可扩展的网络营销能力，兰亭集势从2008年的3万用户增长至2012年的250万，营收从2010年的5870万美元增长至2012年的2亿美元。

一个全球化的网络零售市场正在蔓延。根据市场调研公司Euromonitor（欧睿信息咨询有限公司）的统计，2012年全球网络零售销售收入达5210亿美元，并将以年复合增长率17.7%的速度增长，到2015年增至8490亿美元。同时，根据艾瑞咨询的预测，中国制造的消费品在全球网络零售市场中的总规模将从2012年的17亿美元增至2015年的90亿美元，年复合增长率达75.8%。

婚纱是兰亭集势卖得最火的产品之一。2008年，兰亭集势发布了除英文以外的其他语言版本——法语、日语、德语，这是兰亭集势发展的第一个爆发点。2009年年初，兰亭集势开始售卖婚纱，这是第二个爆发点。

国外的婚纱价钱昂贵，买一套一般的婚纱至少要1000美元；兰亭集势上的价格大概是100多美元至400多美元。

全国婚纱产业比较集中的地方有三处，其中苏州的“虎丘婚纱”占据市场份额最高。

苏州著名的婚纱一条街，以虎丘景点门口为起点，散布着近千家高中低不同档次的婚纱店以及加工厂。这条街实际是苏州城中村虎丘茶花村的一部分，村里家家户户都被改造成了同一个模式：一楼做门店，二、三楼是加工作坊。走在狭窄、逼仄的村中走道上，两边都立着诸如“巴黎恋人”、“艾莱依”这样带着洋味儿的婚纱店招牌，品牌旁边标注着“批发零售”。

村里的婚纱相当便宜，80元至160元一件，店里的电风扇飞转，呼啦啦地带着响。走出村口，面对宽敞大街的门市装修就豪华得多，有空调，明亮的橱窗里穿着婚纱的模特俨然像公主一样华贵。有件婚纱标价高达两万八千元。婚纱店店外写着提示：非买勿入、禁止拍照。当我走进店里，店员警惕地问我的目的是什么，因为很多婚纱小店经常抄袭大店里的新品。

村里小店的老板告诉我，每年都有俄罗斯、日本的客户来找他们，因为便宜。日本客户对价格、商标比较看重，都要求打上日本的商标；俄罗斯客户对尺寸要求比较严，因为俄罗斯人身材高大，一般要求腰围尺寸是2.6尺至2.8尺，中国和日本的一般是2尺。

苏州虎丘婚纱协会副会长金德宝，已经在这里做了16年，他在茶花村有两幢楼专门从事生产，在虎丘婚纱街有一家近400平方米的门店，主营1000～5000元的中档婚纱。他在另一个婚纱产业聚集地广州市江南大道也有一家婚纱店。他说现在的主要竞争压力来自互联网，淘宝对他们造成很大冲击，“因为网络销售的成本太低了，没有店面费，人工费也很低，网店还不会交税。”

也有日本客户找到金德宝，他们对材料、做工要求更苛刻。我问他，能打上“made in china”的标记吗？他说：“怎么可能呢？”

2008 年，郭去疾第一次去苏州婚纱街。同我一样，他看到了很破的路、很脏的楼。他拜访的那家婚纱作坊，老板是夫妻俩，他们过去在广东一家为外国人生产婚纱的工厂里做设计，工作了 10 年。后来到苏州自己开了作坊，有 7 名员工。作坊保持得很干净，郭去疾进去的时候，老板要求他们穿鞋套。郭去疾看到，技艺高超的纺织工人，用做丝袜的材料即可做出漂亮的玫瑰花。

他感到兴奋，好像发现了金矿。“传统的企业有强健的四肢，但没有大脑。没有眼界，没有方向感，他们不知道如何做大。我跟他们合作，第一给了他们眼界，第二给了他们方向感。这是一个巨大的机遇。”他参观的这家作坊，成为他们重要的合作伙伴，现在拥有几百名工人。郭去疾第一次去的时候，老板开日产汽车，现在开上了宝马 X6。

郭去疾的朋友、创新工场联合创始人王肇辉说：“郭去疾在大公司做过，见过大的资金量，经历过大的并购，因此他很大气，舍得去投资。”郭去疾意识到要改变婚纱作坊的现状，首先必须舍得投入，改变作坊工作环境。原来那些作坊都没有安装空调，只有电风扇，夏天的时候，工人在闷热潮湿的环境里工作。郭去疾首先在硬件上改造，装了空调、日光灯、流水线。环境有了很大变化，工人的劳动积极性也提高很多。“我们也是为了消费者，苏州梅雨季节的时候，天那么热，你手上有汗，摸了衣服留下汗迹，怎么清洗?”郭去疾说。

2005年回到中国后，郭去疾发现一件很有意思的事，很多在美国能买到的性价比很好的中国产品，在中国反而买不到。做了兰亭集势后，他慢慢明白，中国很多制造企业都是为外国做OEM代工，这些公司并没有进入中国。虽然是中国制造，但所有权不归中国企业，无论产品的设计，还是品牌。在产业链里，中国制造是最低端的。

他意识到，这种代工产业已经走到尽头，“富士康员工跳楼自杀事件，并不是一个企业做不到位的微观事件，它从侧面折射了中国靠压低劳动力成本来换取市场的代工发展模式已经走到了尽头”。于是兰亭集势开始组建自己的设计团队，注册自有产品的品牌。

郭去疾到兰亭集势报到的时候，正赶上金融危机。2008年的全球金融危机，让海外消费者荷包缩水，手紧了。这带来连锁反应，海外订单的缩减导致中国专做外贸的中小企业大量倒闭，它们需要转型，建立一套细分产品市场的精细化生产流程，赚取比代工厂更多的利润。过去他们为沃尔玛、家乐福这样的公司生产，赚取3%、5%的利润；一旦离开沃尔玛就活不了了，没有自己的设计能力、生产能力，连自己的专利和产权都没有，“相当于一个工业机器人”。文心说：“做米老鼠，迪士尼不授权，你敢做吗?”代加工的定价权掌握在甲方手中，OEM 工厂的所有赢利都是从口中节省出来的。如果拥有自有品牌，就能从乙方变成甲方，掌握定价权。

海外订单的减少，一部分具有全球视野的人才也被释放到市场上来了。过去 10 年，中国已经培养出很多本土设计师，他们可能从做外国设计师的助理开始，10 年后已经可以独立担纲外国品牌的设计，对海外消费者也很了解，因为他们一直在为国外品牌、工厂工作。

这是兰亭集势的机会。因为经济寒潮，荷包缩水的海外消费者变抠门了，他们更注重性价比。而全球物流成本的降低与速度的提高，海外贸易的壁垒也被消除，德国消费者在兰亭集势上从下订单到收到货品，大概需要四五天。用 Google 和 Facebook 寻找客户，用 Paypal 进行交易，用 DHL 和 UPS 运送货物，这就是郭去疾想要的一个轻资产的公司，让世界最大的、最好的公司为其服务。他说：“过去是小公司为大公司服务，底特律的汽车制造商都有一群小供应商为他服务；现在互联网时代，是大公司为小公司服务。”

郭去疾花费很大力气优化中国的供应链。最开始，他们发现大工厂灵活性差，不能适应兰亭集势定制性需求，小工厂灵活性强，水平却很差。他们最终找到那些很小的工厂，管理者具有很强的学习能力，他们帮助这样的工厂做成本核算，制定长期可持续发展战略，改进管理和生产流程，将这些在线下为国外厂商服务的传统工厂，变成适应电子商务需求的工厂。按照过去传统外贸方式，从设计到消费者购买，可能需要 18 个月时间，让兰亭集势来做，只需 3 个月；传统的外贸，可能一次下订单要 10 万件起，兰亭集势下一次订单，只需 3000 件，极大降低了库存风险。

在兰亭集势上，海外消费者可以买到性价比高的中国产品，或者他们在当地买不到的东西，比如有八个喇叭可以当音响的手机。互联网每天都产生大量的数据，通过监测、分析，了解到诸如南美用户可能更爱在手机上看电视，这种细微的需求，兰亭集势捕捉得很快。然后，他们更快地将需求反馈给中国的制造企业。

销售“中国制造”的兰亭集势，山寨问题难以回避。郭去疾说：“工业化的过程里，每个国家都有山寨的阶段。我不认为山寨本身是邪恶或者错误的，但你必须在游戏规则允许的范围内运作，把握好模仿和抄袭之间的距离。”郭去疾在 Google 接受了很多法律方面培训，处理过与其他公司的专利纠纷，这给他理解知识产权游戏规则打下了很好的基础，兰亭集势发展早期聘请美国律所，对游戏规则分寸的把握起了关键作用。目前，把产品销往 200 多个国家的兰亭集势还未遭遇到知识产权官司，但显然上市会让更多的人盯着它。

中国外贸法律法规基于 B2B 制定，不是每条都适用于 B2C，有一些法律空白地带。郭去疾了解国家大政方针一直是鼓励出口约束进口，做进口生意支付关税价格就没竞争力，触碰水货就牵涉违法，兰亭集势选择做出口生意。中国出口没有税，但有一系列要求，兰亭集势在现行法律允许框架下和主流物流公司合作。“对美国上市公司，最重要的是要翔实披露风险点，特别是法律法规滞后的问题。我们有整整一页披露。这不是藏着掖着不能讲的话题，投资人看到了风险，他会信任你。”郭去疾说。兰亭集势和券商聘请了近 10 家律所以及审计事务所，拿着显微镜看了一年半。

“游戏规则”是郭去疾常用的词。兰亭集势创意营销与公关总监林嘉澍说：“他对人没有好或者坏的评价，以游戏规则为准绳。游戏规则告诉他能做什么，他就做；不能做什么，他就避免。很多中国企业家有中国式智慧，但不讲规则。”郭去疾不喜欢中国式智慧这个词：“它的含义是如何应付中国复杂人际关系，极端一点就是厚黑学。我觉得个体的力量大一点，社会就简单一点，发展快一点；如果永远是关系最粗壮，个体很虚弱，社会恐怕发展不了。”

美国最大基金管理公司富达基金的大堂，人头攒动，熙熙攘攘，像火车站一样。路演中的郭去疾原本以为中国企业赴美上市再回国，是荣归故里。在富达，他意识到，即使是 Google 千亿美元市值的公司，在资本海洋中也只是沧海一粟。“大家都很忙，没有很多时间去听你的故事，更没有很多时间容忍你在诚信上的瑕疵。”他感受到中国企业诚信问题对中国品牌造成的深远伤害，有些投资人发誓再也不买中概股，“别人从零开始，我们从负数开始。”

“我虽然代表不了，但在那个时间点，我得代表中国公司。”2013 年 6 月 6 日，兰亭集势在美国上市，郭去疾一天接受 17 家美国媒体采访，CNBC 主持人要他谈谈中国经济发展怎么样，他想：“天哪，我该说什么，会不会引起所有中概股震动?”建立中国企业与投资人之间的信任，是巨大的挑战。郭去疾和兰亭集势CFO做好了积攒很多里程、酒店积分的准备：“有的中国企业家在路演和投资人见一次面，之后就像人间蒸发了一样，只能在新闻里看到这家公司的事。这让投资人容易焦虑紧张。”

郭去疾曾经在程序上犯过错误。2007年年中，郭去疾与联合创始人刘俊喜气洋洋地告诉徐小平，他们找到了新合伙人文心，给了20%股份。徐小平写信告诉他们，稀释股份是大事，股东有权利走批准流程。郭去疾和刘俊回信认错。“他们的动机绝对是纯洁无瑕的，但我从新东方出来，知道程序的重要性。即使刘俊在亚马逊中国是副总裁，郭去疾是从斯坦福回来的，他们在很多问题上还有学习的空间，因为市场经济在中国还处于婴儿期。”徐小平说。

2009年，郭去疾的生日派对，来了李开复、徐小平以及斯坦福校友等五六十人。郭去疾说：“你们发现了吗？在座的绝大部分是2005年以后回国的。2005年是中国高端人才回归的标志年，哈佛、斯坦福的MBA大量回来了。”徐小平陷入回忆：“在红酒、伏特加、香槟里，我感觉到历史长河溅起一朵浪花的一瞬间，这值得纪念。”

兰亭集势的会议室命名带着洋味儿，用旧金山九曲花街、爱琴海等地名命名。只有开周会的会议室是郭去疾命名的，叫做“真理”，寓意周会的目的是寻找真理。“这个公司除了为客户、股东创造价值以外，对我来说最大的个人价值在于，实践用数学管理企业，寻找真理。”

索罗斯说自己是一个蹩脚的哲学家，在资本市场印证哲学理论。郭去疾说，他是一个蹩脚的数学家，在零售业里追寻自己的数学真理。他打算在退休之后写一本书，《零售的数学原理》。

他觉得测试每一件事，测试每一个假设，如果一个点子被证明是错的，而证明的过程很完美的话，这是一件快乐的事。中国传统的领导力哲学，领导成为先知，掌握了别人没掌握的真理，代表真理来获得领导力。领导力的源泉有两个，一个是最强的武力，就是毛泽东说的“枪杆子出政权”；另一个是宗教式的，代表着唯一的真理。应该有一种新的、探索式的领导力——我承认我不知道真理，但是我可以证明并领导大家有效地接近真理。

郭去疾的目标是把兰亭集势打造成一家全球 C2B（Customer-to-Business，客对商）电商公司。他说未来会有一个比零售更准确的词，来形容 C2B 的商业形态。零售是站在商家的角度考虑组织生产、信息交流的问题。但是，未来新的形态是帮助每个人在生产力过剩的时代发现自己想要的东西。这比 Google 发现搜索的真理、苹果发现手机的真理更难，因为它要抗拒物理世界的距离与时间这两个无法战胜的魔咒。这也不是一家公司能够完成的。“我们最终要解决的就是让零售产业变成一个 C2B，就是老鹰捉小鸡。顾客就是老鹰，我们就是母鸡，后面的生产企业就是后面的小鸡。顾客往哪动，母鸡就往哪动，小鸡就跟着母鸡动。”

“帮助全球消费者发现他们想要的东西，并且在他们想要的时间里制造出来、送到他们手上，是很高的理想，不夸张地讲，和实现共产主义理想一样难。电子商务还没有一个公司真正找到真理，亚马逊没有找到真理，e-Bye没有找到真理，淘宝也没有找到真理。”郭去疾如是说。

他给兰亭集势注入了一个雄伟宏大的梦想。承载这个梦想的兰亭集势2012年营收2亿美元，在巨大的零售竞技场上，它不够强壮，它的竞争对手又太强壮。2012年营收610亿美元的亚马逊开启全球开店计划，2013年交易额超过1000亿元的京东也启动了国际战略，推出英文版，面向超过35个国家和地区的消费者，有超过40万种中国商品可选购。

我问郭去疾，为何没有在中国市场做？他说：“中国市场很大，但是竞争激烈。创业最重要的是永远迎着机遇而上。绕着困难走，这是航海文化的一部分。你看过《少年Pi的奇幻漂流》就知道了，在海洋中再大的船队也是沧海一粟。大陆文化是一览众山小，有帝国情怀。”他可以带领兰亭集势绕过亚马逊吗？

林嘉澍是位年轻人，他最早在《经济观察报》做记者，对商业世界充满好奇，2009年10月，他放弃优酷的期权，跳槽到兰亭集势，就是希望离真正的商业世界更近一点。他总有各种稀奇古怪的创意。2010年，他到深圳，看到兰亭集势的库房里堆着各种商品，忙碌的工人来来回回，扫条形码，再经过UPS、DHL，送到全球各地。这与他在北京看报表、看苏州和深圳的库房照片不是一个概念。他突然觉得过去看书，“世界是平的”是浮在空中的概念，在深圳库房里变成了触手可及的感性画面。这是他来兰亭集势之后最大的震撼。

1405 年至 1424 年，郑和率领当时世界上最大的船队连续进行 6 次航行，途经暹罗、苏门答腊岛、爪哇以及淡马锡，最远抵达非洲东海岸，远航的目的是宣扬明朝皇帝的伟大，带回小国们的顶礼膜拜。现在，中国人正试图用婚纱、电子配件以及零零碎碎的生活物品，沿着海底光缆扩张自己的商业版图，换回美元、欧元、日元。

兰亭集势董事长兼 CEO 郭去疾评价郑和下西洋：“可能跟中国太大了有关系，中国的地本来就很大，再多几亩地没有人在意。”和明朝皇帝紧盯着自己帝国的版图不同，郭去疾紧盯着的是一个被互联网拉平的地球。

“我觉得，国内很多企业家，中国的国门就是他想象力的天花板。”郭去疾说。

程 维

破冰之旅

“解决问题的方法有多种多样，不变的是将事情一点点向前推动。”

程维在“滴滴打车”于2012年9月9日上线之前，把产品拿给了美团网创始人兼CEO王兴看。2014年3月1日，王兴告诉我：“程维很实干，我没想到他能做这么大。”

目前，北京10万名出租车司机有7万多人安装了“滴滴打车”软件，6.7万辆出租车里近5万辆安装了“滴滴打车”软件。“滴滴打车”在全国开通近百个城市，安装了48万个司机端，几千万乘客端。

“滴滴打车”创始人兼CEO程维说：“移动互联网的速度以分钟计，以秒计，不能懈怠，战役一场接一场。”出生于1983年的程维，创业一年半。他创办的“滴滴打车”，是一款基于移动互联网技术的打车软件，用户可以通过软件预约出租车。

创业之前，程维是阿里巴巴的员工，先在阿里巴巴B2B工作六年，后在支付宝工作两年，做到事业部副总经理的级别。他看到创业者拼杀，心里痒痒的。有9个月的时间他在思考到底想要做什么。他想，首先得是足够大的事情，承载他对世界的梦想，其次，得符合移动互联网的趋势。

他思考的时候是2011年下半年，当时电商热潮还没有过去，最先考虑到的是做家居电商，这个创业项目太重了，链条太长了，又要找好的设计师，又要找好的代工厂，也考虑过做企业管理培训，阿里巴巴有一套管理经验，不过优质讲师是很难复制的，还考虑过做本地生活服务的点评网站，帮助人找到好的理发师等。程维先后否决了6个主意，想到衣食住行，互联网能否改变出行的方式？他在媒体上看到有关国外租车软件的报道，但没有搜索到国内的打车软件。

程维问了很多人，十个里有十个说，这个怎么可能做得起来？最主要的理由是司机不缺订单，为什么要抢你的活？路上都是活。第二个反对理由是，司机都是大叔，是郊区的农民，哪有人用智能手机的？程维自己打车，接连问了五六个司机，没有一个有智能手机，很受打击。还有人认为在这种诚信体系下，叫车服务是不靠谱的。“这些听听都是道理，但我觉得趋势是一直往前的，智能手机会越来越便宜，谁都会用，出租车这个行业，肯定会被互联网给渗透。路边打车这种低效率的方式会被更高效的方式取代。”程维说。

“当时对这件事的判断只有二三十分的成熟度，感觉这是一个机会，如果有软件能帮你叫到出租车，很多人会用，是可行的。如果是百分百地清晰了，可能这件事已经没有机会了。”

2012年6月，程维和吴睿、李响一块创业。“滴滴打车”联合创始人李响记得，在阿里巴巴的时候，当时程维带着他开拓北京市场，全国有9000名销售，几百个销售团队，程维他们这个只有10多个人的销售团队花了一年时间做到全国第三。“很多销售团队里，销售冠军的业绩能占到50%以上，我们团队没有特别突出的，能力平均。”李响说，“我们都是新人，从零开始，程维自学了很多团队管理的知识。”

程维提了一个口号，叫作移动互联网让出行更美好。有人说，一帮在阿里巴巴干销售的人做出来的产品，能好到哪里去？

技术的确是这个团队的软肋。2012年6月创业，7月陆续签下一些出租车公司，但是软件一直没达到上线的标准，从7月延后到8月，从8月初延后到8月底。程维实在忍不住了，给技术部门下了死命令，9月9日无论如何一定要上线。

产品最初是找外包软件公司做的。程维觉得两个月时间要把产品做好，现招团队是来不及的。他找到的公司要价15万元，被他砍到9万元。对方向他信誓旦旦保证，功能肯定全都实现。程维留了一个心眼，先付款30%，做到一半的时候付款50%，做完验收再付20%。结果那20%永远没付出去。后来，程维了解到这家公司在山东有合作的学校，“滴滴打车”最初的产品是一位中专老师带着几个学生给搞出来的。

拿到软件，他到交委演示“滴滴打车”，叫10次车，能响6、7次。不响的时候，大家就盯着该响起来的手机，沉默10秒钟。程维尴尬地把话题岔开。他学乖了，第二次再给人演示的时候，就带上两部手机，哪部响就拿哪部出来。

软件外包的同时，他也招聘工程师。工程师一看代码，就说这个水平太差了，基本没法用。他找了好几个大公司出来的工程师，都拒绝了他，“创业公司不确定性太大了，很多人觉得打车软件未必靠谱”。直到后来他遇到原百度研发经理张博。

这个漏洞多得跟筛子一样的外包产品让“滴滴打车”的技术部门擦了一年的屁股。程维说：“一分钱一分货，我们对创业者的建议是，宁可慢一点，建立起靠谱的团队后再去做，磨刀不误砍柴工。”

李响认为，程维学习能力强、冷静、自控力强，团队觉得最受挫的时候，他是最乐观的；团队取得很大成绩的时候，他会追问为什么取得成绩，还有哪些问题？“领导冷静，团队就会冷静，没有人敢骄傲，也没有人敢气馁。”

2012年11月，公司账面上只剩下一万元钱，程维碰壁多次，A轮融资终于成了——来自金沙江创投的300万美元。大家非常庆幸，程维把大家叫在一起到食堂里吃了一顿饭，接着就回到办公室讨论业务问题。

联合创始人、产品技术副总裁张博对程维的评价是目标感强，执着、能吃苦。在上海，竞争对手业务增长速度更快，程维说不拿下上海就不回来。他们几个人赶到上海，打了连续两周的仗，几乎没睡觉，晚上讨论方案，第二天白天执行，晚上根据效果调整方案，讨论到凌晨两三点。一周之后，效果就出来了。北京花了 3 个月安装 1 万个司机端，上海则花了 40 天。

在程维的身上，你可发现，在当下的创业浪潮中，过去长期积累的经验并非是最重要的，甚至是妨碍发现新机会的。而一个人身上最需要具备的素质是：快速学习的能力。

2014 年 2 月 26 日，北京火车南站西入口，出租车地下通道，拐角处一块空地上，七八个司机围着三个穿着羽绒服的年轻人，旁边墙上拉着红色广告条幅："用滴滴省时省力更省油"。这些司机大多是"滴滴打车"的新用户，找"滴滴打车"的地推帮忙安装软件，还有的司机在使用中遇到各种问题，来寻找解决方案。有司机将眼镜推到脑门顶上，仔细看着手里的智能手机；有司机反复问，我需要用笔（把交易）记下来吗？年轻的地推耐心地反复保证，你放心，每笔交易在后台系统都有记录。一位司机说，春节前有一笔 10 元的奖励现在还没打到我账上。"滴滴打车"北京司机主管王品哲赶紧上前，留下自己的手机号码，说："我们一定会解决，如果还没解决，您就打我电话。"

这个"滴滴打车"的服务点，每天至少要为五六百位司机解决安装问题。目前，"滴滴打车"在北京有 8 个服务点，分布在北京西站、南站，南苑机场等。

北京南站西入口的地下通道，没有暖气，阴冷阴冷的。地推早晨7点抵达这里开始工作，一直持续到晚上10点，平均每天工作15个小时，手几乎没有停过。他们需要尽快熟悉业务，也许第二天就拎着行李调到另外的城市开疆拓土。“公司发展太快，来不及培养人才，只能让地推们多干活，迅速成长。”王品哲说。

北京有189家出租车公司，近7万辆出租车，10万名司机。2012年6月，程维他们的目标是两个月内安装1000个司机端。“我们就是做地推出身的，很有信心，现在跟出租车公司谈能有多难？不收你的钱，免费跟你合作，还不好谈吗？”一个多月过去了，他们跑了一百多家公司，没有敲开任何一家出租车公司的门。每家公司都问一个问题：你有没有交委的合同文件？没有的话，凭什么调度出租车？这是北京市调度中心的管理范围。我不跟你合作，我们不差你这个钱，也不靠你调度挣钱，你没有文件，我容易犯错，没理由跟你合作啊。

程维根本没有交委的关系，他只好找交委的人聊一聊，对方说，我们有调度平台，你先别上线。

员工受不了了，觉得这事不靠谱。程维对大家讲，再坚持一下，跑完189家，没有一家愿意跟我们合作，我们就认了，放弃。李响说：“我们大起大落的时候，程维能够稳住大局，让大家感受到，跟着老大是绝对靠谱的，问题只是短暂的。”

在北京昌平，只有200辆出租车的银山出租车公司，成为第一家跟

“滴滴打车”合作的公司。银山的老板允许程维他们在司机例会上花费15分钟介绍产品。当时100个司机在场，只有20个有智能手机。

大多数在例会上给司机讲课的，是洗座套的、卖机油的，都是想办法赚钱的。司机们面面相觑，这是新型骗术吧？“出租车这几十年，工作方式没有变化，就是扫马路、趴活，无非是路越来越堵，油越来越贵，活越来越难做，收入下降，社会地位下降，没人愿意做出租车司机，没人愿意嫁给出租车司机。”程维说。

第一场安装了8个司机端。程维拿着合同给其他出租车公司看，人家都做了，你们也可以尝试一下，撬开了第二家、第三家。地推团队的人互相打气，今天突破两位数了，这次有人在会上喝彩了。联合创始人吴睿说：“找出租公司谈太费劲了，他们是特别官僚的机构，投入和产出一点都不成正比。作为第三方来看，出租车公司是旱涝保收的群体，它为什么要做这个呢？它的动力在哪里呢？”

程维说：“我们还想过找交委，那更慢了。我们花费很多心思跟政府部门谈合作，结果也没有看到什么成绩。‘滴滴打车’真正做起来是跟司机谈，真正的受益者是司机。”

首都机场附近的北皋是出租车司机聚集点，“滴滴打车”地推团队在那里摆桌子设点，第一天就被城管给赶走了。吴睿说：“城管三天两头来找麻烦，我们不断跟管理部门解释，我们是要降低出租车空驶率，提高运营效率的，管理部门也会想对他有什么好处呢？你能够给我带来什么？按照他的规定缴纳一部分费用，让他来认可年轻人创业的主意，支持我们。”

2012年9月9日，“滴滴打车”上线，已经安装了500个司机端，但是上线亮灯的只有16个。第二天，灭了8盏。当时“滴滴打车”的办公室在中关村e世界，e世界是一家数码卖场，楼上被商家租来做仓库，因为价钱便宜，程维租了一个100来平米的仓库做办公室。两位司机冲进办公室，把手机往沙发上一扔，说你们这些骗子，骗流量。没有乘客用“滴滴打车”，就没有订单，司机开了一整天的手机软件，一声响声都没听到，反而收到短信通知他用了20兆的流量。

很多司机都不相信，拉活这么多年了，已经形成了固定的习惯，以为“滴滴打车”是骗子，和运营商合伙骗他的流量，有些司机死活不肯装，还打110报警。有些意识先进的司机安装了，不会用，一晚上开着软件，跑了一晚上的流量，第二天就跑来算账。怎么讲，也跟他说不通，就得赔他钱。“滴滴打车”的前期，遇到这种问题都是赔钱的，干脆出了措施，给司机流量补助，一周5元。

每个司机都在抱怨，产品哪里不好，耗费的流量高、电量高，听不到订单，定位不准。改了十几个版本之后，订单渐渐多起来了，两个月后，终于有超过100个司机同时在线。第一次达到100个司机在线的时候，专门盯着屏幕的客服喊起来：“天哪，好消息，我们有102个司机在线。”程维赶过去看的时候，只有99个。幸好客服截了图。

第一次超过100辆出租车在线，程维感觉有点往上走了，此时国内已经有近十家同类型的打车软件。“摇摇招车”来了。“摇摇招车”花了高价跟首都机场合作，安设服务站，“滴滴打车”退出首都机场。“摇摇招车”在电台打广告，几月几日司机可以到哪几家酒店，现场给你安装。程维想，“我们公司小打小闹，怎么搞得过对方？”

在北京西客站，“滴滴打车”花了3000元租了一小块地方做站点，出租车流水一般地慢慢驶过，司机不能长时间停留。地推带着笔记本电脑冲上去，敲着玻璃窗，问：师傅，你有智能手机吗？司机说，没有、没有；地推就塞一张传单进去，有智能手机就打这个电话给我，我帮你装叫车软件。有智能手机的，就直接从笔记本里拷贝安装包，用户名就是司机的手机号，密码是原始密码，让司机照着传单上的步骤回家学。

安装一次需要三五分钟。不能再久了，否则西客站和司机都不满。在刺骨的过堂风里，穿着军大衣、戴着手套帽子的地推们，像筛子一样将面前每一辆出租车筛一遍。一天下来，小伙子也会感冒发烧，那时候人少，还没有能够代班的，带病上岗。一个寒冷的冬天，在西客站，“滴滴打车”安装了一万个司机端。“我们是靠着小米加步枪，一点一点地，顽强地生存下来的。”程维说。

吴睿说，他从2012年6月创业以来，没有休息过一天，每天早晨7点多醒来，晚上11点多回家。他怕吵醒怀孕了的、早早入睡的妻子，就在沙发上凑合一晚上。他的手机从来不关，有时候晚上两点多钟，还有司机打来电话，睡了吗，兄弟？吴睿问，师傅，怎么了，你说。司机会告诉他，在什么地方拉活，哪个时间段订单密度高，哪个时间段订单密度低。“很多人问我，‘滴滴打车’为什么能活下来？在我看来，靠的就是这群人，每天嗷嗷叫着往前冲，才能活下来。”

程维说：“这个业务肯定是长跑，比的是内功，内功核心是团队，团队表现出来的是软实力，例如服务。（补贴）这些短期的营销是外功，如果双方有钱，很难在外部层面分出胜负。”“滴滴打车”目前完成了三轮融资，总共融资1.18亿美元，其中腾讯投资近5000万美元。“滴滴打车”和“快的打车”正在以给予乘客和司机补贴的形式进行激烈的营销战，背后各有腾讯微信与阿里支付宝的支持。

王品哲毕业的第一份工作就是在出租车公司做车队长，管300多辆车，650个司机。当时消费者对出租车怨声载道，套牌车、黑车、拒载、绕路、多收费等各种问题层出不穷。处理投诉是王品哲最繁重的工作，压得喘不过气来，这个行业就应该这样吗？他觉得很多司机是好人，服务也不错，为什么会出现这么多问题？司机抱怨油价高、堵车、租价低、份子钱高。

他感觉出租车公司就是一个封闭的、完全与社会脱节的地方。那里满足不了他的收入需求，也因为自己年轻，还想做一点事，2013年4月他跳槽到“滴滴打车”。当时有十多家打车软件在做，“摇摇招车”、“打车小秘”、“微打车”、“易打车”等，常常是“滴滴打车”在这边，竞争对手就在对面设点。9月、10月开始，就陆陆续续地看不到这些公司的人了，2014

年春节之后基本都看不到其他公司的人了。王品哲说："第一，我们的产品体验好；第二，线下团队推动速度快，快速占领市场，呼叫量上去了，口碑相传，势能就自然形成了。"

原先不懂开网络、不懂开定位的司机，现在都会玩微信了。"我们撬动了最难撬动的一块石头，改变了最保守封闭的一群人，让他们使用智能手机。一开始，他们的态度是你给我智能手机我就用，你让我自己花钱买那就不可能。一个月两个月后，他们带着自己新买的智能手机来了。我很兴奋，感觉在亲历以后会成为传说的东西。"

每天都有七八位司机到"滴滴打车"的办公室找客服，要求安装软件。有的司机不会买手机，直接找他们说，要不你们陪我下去买个手机，买完上来帮我装一下。吴睿说："这是趋势，保守的总会被改变，只是时间问题，他不变只能被淘汰。新技术对传统的变革已是既成事实。"

程维说："最重要的是永不放弃，你要推动这个世界改变，推动越大，弹回来的反作用力就越大，最终比较的是你自己的心理有多强大，解决问题的方法有多种多样，不变的是将事情一点点向前推动。"

"我们用了一年半时间去推动一个行业发展，一点点变革这个行业，可能有一些问题，还有一些不规范的地方，如果宽容创新、宽容变革，我们会一点点地变得更好。"

47 岁的车士军是北京通州人，嗓门敞亮。他开了 9 年的出租车，知道到哪里的酒店趴活，经验丰富。王品哲第一次找到他，他说我用不着你这个，照样挣钱。王品哲被噎着了，无奈地说："好吧，师傅，我们再等等看吧。"再过了一阵子，车士军告诉王品哲，我还是不喜欢"滴滴打车"，但是我买了一个智能手机。2013年5月，第三次见面的时候，他让王品哲帮他安装"滴滴打车"。一开始，车士军担心流量，每天只开一会儿软件，一天只接一两单。到9月份，他找到窍门了，接单数量迅速上升，平均每天接20多单，是"滴滴打车"发烧级用户。车士军和我聊天的时候，他正在挑战"滴滴打车"订单无缝对接，零空驶率的纪录。他每天7点出门，晚上7点收车，一天工作12个小时，原先一天毛收入四五百元，现在一天毛收入八百多元，扣除各种费用之后，月收入8000元。现在他在家说话声音也粗了："以前挣不了钱，再好的媳妇也做不出好饭来，现在生活好了，吃得有营养，车零件不好，赶紧添，家里缺什么，赶紧买去。"

"我收入高了，精神面貌也好了，每天不会吃大蒜，车里也弄得整整齐齐的，每个乘客给我打满分是我的梦想。"最近，一位乘客在亦庄东区叫车，连叫了5遍，没人接单。离乘客10公里的车士军接了这单活，让乘客等他15分钟。因为路况通畅，他10分钟就赶到："我要让人知道'滴滴打车'的厉害，无论在天涯海角，都能接到他。"

很多司机习惯在酒店、小区趴活，趴一个小时也没有活，效率很低。乘客打不到车，司机接不到活，"乘客是聋哑人，司机是盲人，'滴滴打车'把两个残疾人给治好了。"车士军说。

基于移动互联网技术的打车软件，正在变革数十年不变的出租车运营方式。2012 年 8 月下旬，张博加入“滴滴打车”，这个靠外包来开发软件的团队终于有了懂技术的人。同样出生于 1983 年的张博，2012 年 4 月离开百度创业，很快失败了，在寻找新机会的时候，经朋友介绍和程维相识。张博说，他对项目是否靠谱的判断基于四点：第一，拥有大规模人群；第二，使用频次足够高；第三，是刚需；第四，有口碑传播的场景。如果一个项目满足两到三个条件成功的可能性就大，打车软件是四个条件都满足。

张博认为程维是有激情、有梦想的人，和他一样放弃很多东西从大公司出来，就是想做成一件事。“我们在很多事情的判断上不谋而合，感觉遇到了知音，他的背景和我的背景正好互补，在那个时间点，我能碰到程维，也许是老天的安排。”

2012 年 8 月，他加入时，“滴滴打车”软件在他眼里，按百分制来打分，只有 10 分。稳定性差，经常死机，安全隐患很多，架构不足以支撑大规模人群使用，还有很多无用的功能。乘客端，一开始有注册登录界面，必须填写姓名、性别等一大堆东西，用户在这个页面的流失率是 90%。司机端有清除缓存的功能，张博问当时的研发人员，你能理解这个功能吗？研发说，我查查代码看看。张博又问，你觉得司机能理解吗？研发回答，理解不了。张博继续问，那这样的功能放在软件里有什么用呢？

张博加入团队的第一天，就开始熬夜通宵改代码。每周迭代一次，一直持续迭代两个月，产品在他眼里才及格了。我问张博，为什么一开始推出外包的产品？他回答："赶时间，没有比快速推出产品更重要的事。"他带着技术团队，花费了一年的时间改善当初的外包产品，业务发展太快，不能停下来专门用一个月重构产品，必须不断开发新功能，满足用户需求。程维打了个比方，就好比先挖了很糟糕的地基，盖了一幢危房，在危房上不停加盖房间，只能不停地搭脚手架打补丁，让危房不要倒塌。一直等到2013年8月，"滴滴打车"才推出重构的产品。

"滴滴打车"的CEO和负责运营的高管来自阿里巴巴，负责技术的高管来自百度，阿里企业的文化和百度的企业文化，如何在"滴滴打车"碰撞、融合？张博说："阿里文化和百度文化有一些共性的东西在，坦诚、简单、就事论事，这是'滴滴打车'文化的基础。"

以销售为导向的思维方式是直接满足客户的需求，客户要什么就给什么，但是用户说的不一定是他真正想要的。以产品为导向的思维方式则是用户要什么，得分析用户背后的需求是什么，从需求的本质倒推产品方案。以前司机在操作其他软件的时候，会突然跳出"滴滴打车"的抢单界面，容易误点抢单。有司机就提出能否增加确认键，多点一次确认键才是真正的抢单。这是用户说的，但产品是不是就该这样做呢？当时产品按照司机的建议做了，反对的声音更大，二次确认键操作麻烦，带来安全隐患。"我们犯了一个错误，司机真正的需求是想解决误抢单的问题，而不是要一个确认键，确认键只是解决问题的方法之一。这是销售思维和产品思维的差异。"张博说，"好在公司尊重你的决策权，在你的专业领域你是最后的拍板人。”

每周五下午，张博会花上300元钱不停地用“滴滴打车”打车，坐在副驾驶座上，观察“滴滴打车”订单播出、抢单、导航的过程，坐在办公室里，是看不出导航是否是最优路线。有些司机喜欢订单界面上有更丰富的信息，年纪偏大的司机则喜欢字特别大，抢单按钮特别大，让他看得清楚，操作方便。这些都是张博在不断的聊天过程中搜集到的，“如果聊天的样本足够多，你就能够知道你的决策有多少人喜欢，年轻的司机可能更活跃，更乐于反馈意见，按照他的意见改，有可能伤害到年龄大的司机，他们是沉默的大多数”。

张博说：“如果你只是被动地接受外界的信息，来做产品决策的话是不系统的，必须主动地系统地去调研。”一次，他发现抢单延迟的问题，抢单界面会变灰零点几秒，晚上回到公司讨论，发现是代码逻辑不够合理，导致体验不够流畅。在聊天中，他发现很多司机最痛苦的就是晚上收车回家的那一趟，由此开发了“滴滴打车”顺风车功能，自动根据司机出车收车的位置判断家的方向，待司机收车的时候推荐与司机家方向相近的订单。“订单分配策略是我们的核心竞争力，我们一直在打磨。”

北京司机平均每天接20个活，使用打车软件的司机，目前20%左右的收入来自打车软件。油耗减少、空驶率降低，这部分能够让司机每月多出800元收入。吴睿说：“司机是社会底层，缺少关爱，在媒体上的话语权很低，乘客可以用互联网工具发出声音。大部分司机每天工作十个小时，一个月赚三四千元，得忍受城市的尾气排放、堵车、身体的高消耗，也得不到足够的尊重。现在至少我们让司机觉得，生活可以是开心的，有尊严的。”

2014 年 3 月 2 日凌晨，我在望京和朋友告别之后，在路边用微信内嵌的“滴滴打车”叫车，第一次呼叫持续了三分钟，系统通知了 220 位司机，没有应答。第二次呼叫，两分钟后，司机王师傅电话我：“我在附近 1 公里，能否等两三分钟？”两分钟后，我上了车，王师傅从 2013 年 4 月开始使用“滴滴打车”，现在他每天来自“滴滴打车”的订单有五六单，“快的打车”的订单有三四单。现在他每天在外吃饭之后还能有净利润 200 多元，比以前增收 20%；工作时间比以前减少 2 个小时。23 分钟后，我到家了，车费 73 元，结账时我用微信支付，不知是网络信号还是其他原因，支付三次均未成功，只好用现金，无法享受微信支付和“滴滴打车”的补贴。王师傅说：“你损失了 10 元，我也亏了 10 元。”

后记

2014 年 1 月，兰亭集势宣布收购美国电商社交网站 Ador，自然，很多媒体向这家公司发出采访兰亭集势董事长兼 CEO 郭去疾的要求。兰亭集势负责公关的飞猪（林嘉澍），安排了 6 家媒体采访郭去疾，我是其中一位。我留意了一下，其他 5 家媒体都是门户网站的，只有我是来自平面媒体《彭博商业周刊 / 中文版》，而我跟兰亭集势打交道是从 2011 年开始的。

这些网络媒体的记者，采访完转身回公司写稿，再往网站上传，读者当天或者第二天就能看到新闻报道以及分析评论了。而我的稿子，得等个两周，在杂志上市后才能跟读者见面。

也是这个月，我离开杂志，独立创业，成立李志刚工作室，目前的主攻方向是为正在创业的、打算创业的、围观创业的人群，提供有价值的内容服务，包括文章、书、企业家视频访谈节目，等等。

我不担心有无内容发布的渠道，我不担心我的内容有无读者看到。我的微信公众号（企业家观察）、新浪微博、博客、知乎（一家问答网站）、各种新闻聚合网站（例如 Donews、Techweb）以及各种新闻客户端（例如“今日头条”），等等，都为身为个体的作者提供了发布渠道。在这些渠道里，你甚至可以了解到有多少人看到了你的内容，也可以与对你感兴趣的人发生互动。

当你看到这篇后记的时候，我大概创业半年了，在互联网上发表了几篇深度报道，例如《豌豆荚的秘密》、《滴滴打车的破冰之旅》、《京东物流是怎样炼成的？》。李志刚工作室和凤凰网联合制作的企业家视频访谈节目《创业记——志刚和他的朋友们》也已经录制完第一期节目，5 月 12 日已在凤凰网上播出。

一开始我也有担忧，怕自己脱离了往日依靠的平面媒体，别人就不认可你了。还好，因为这些年的勤奋、努力以及还不错的口碑，可以说创业有了不错的开头。

传统媒体的记者和编辑有一套固定的上升渠道，记者是“记者—资深记者—主笔”，编辑是“编辑—总监—副主编—主编”，个人的收入与其在组织里所处的位置密切相关。我也必须感激地说，因为过去领导们的厚爱，做到主笔的我，也获得了不错的收入与社会地位的回报。

但是，如冰雪遇到烈阳，自社交媒体兴起之后，这套组织系统的构架不管用了，组织在解体。互联网的去中心化，让个体的力量更加凸显出来，像记者、设计师、艺术家、工程师这些依靠创意和技能获得回报的职业，更容易通过互联网经营自己的品牌，来获得更多的回报，而不需要依赖于传统组织里固定的晋升通道。

就像这本书的书名一样，移动互联网也正在地颠覆着传统媒体，甚至是 PC 时代的互联网媒体。我和一些创业者聊天，他们说：谁还在电脑上看文章呢？手机上的都看不过来了。

对于我，一位从业 15 年的传统媒体记者来说，这是时代的趋势。所以我单干了，创业了。

顺势而为，是最舒服的创业。这话不是我说的，是王兴说的。这些年，和这些中国顶尖的商业精英的交流，对我来说，最大的价值就在于，收获他们的思想。

这也是我写作本书的主要动机，我希望更多的人，尤其是年轻人看到，这些商业精英是怎么思考的、怎么行动的。

在这本书里收集了刘强东、王兴、郭去疾、张邦鑫、龚宇、王微、包凡、程维的故事，他们个性迥异，有的强势，有的温和，有的高调，有的低调，有的像机器一样严谨，有的有文艺青年的散漫……

相似的是，他们以颇具远见的战略眼光抓住时代中显现的趋势和机会，以个人的品行、行事风格围聚起一个核心创业团队，并以此做起一番事业，风生水起。

我的朋友问我，你做过好些领域的商业报道，为什么看起来都比较专业？他指的是我做过房地产、电商、视频、O2O、教育、投行、农业等领域。我一开始觉得答案是伤其十指不如断其一指，每个行业我选择一两个有代表性的公司，像钉钉子一样扎进去。但是，这个答案我不满意。

仔细想想，我研究公司，最终着眼点总是落在创始人的身上。一个公司的成败，大凡不会脱离两个词：时代与人性。"92派"受益于大时代的政策改革红利；当下的时代趋势、技术变革也终将造就一批新商业领袖。

对于万千创业者来说，时代是共性，差异在于人性。我相信，要读懂一家公司，先要读懂它的老板。创始人的品格、视野、胸怀、意志、道德等，每一点、每一滴的细微差异，最终造就公司命运的迥然不同。

我一直关注创业者，就我的感知，创业者越来越多了。时不时地，就有朋友告诉我，他创业去了。创业潮潜流暗涌，因为新技术革命，最近几年可能是近二十年来最好的创业机会。为什么呢？

第一，变革时期创业机会是最多的。

第二，现在创业成本越来越低：带宽成本在降低，开源代码让创业所需要的工程师数量减少，App可以放在应用分发渠道里传播扩散、市场推广成本降低，公司注册所需资金也在降低。

第三，资本市场日益成熟，创业者更容易找到融资渠道和回报路径。这两年，互联网公司并购案例频发，也是为创业者找到获得财富回报的一条路径，而不是像以前一样，只有靠上市才能获得回报。

第四，越来越多的人愿意从大公司里出来参与创业，意味着创业者更容易找到人才。

第五，政策监管也在松动。

创业艰难，九死一生，创业80%会失败，初创团队失败率更是高达90%以上，为何很多创业者依然乐此不疲？为何越来越多的人加入创业大军？因为想实现梦想，因为想获得更多的财富回报，因为想更自主地掌握自己的人生。

前几年考公务员成为社会热潮，原因无非是大家认为公务员稳定、福利好、地位高。尤其是第一条，在中国没有什么职业的稳定性超过公务员了，旱涝保收，无下岗忧愁、无破产顾虑。

现在也有不同的声音了，有些在公务员体系里熬了多年的人，发现自己的同学日子过得更好了，这样的文章屡见于互联网。他们发现，做公务员的回报未必是最好的。

自然，这是肯定的。如果选择“稳定”的人能获得最好的回报，这个国家的优秀人才岂不是都有“稳定压倒一切”的念头？那这个国家肯定变得死气沉沉。让希望稳定的人获得一般或者中等的回报，让敢于冒险的人获得更大更多更好的回报，这个国家才能生机勃勃。

创业路漫长，中国不过三十多年的市场经济，能够坚持下来的企业也不算多。很多公司三五年就消失了。无论如何，这些创业者发出呼喊，如黄钟大吕，如风雷鼓荡，告诉这个时代：我们来了。

而我愿意投身这个时代，做一名观察者，记录这些商业英雄们的辛酸血泪和意气风发。《21世纪的管理挑战》是管理学泰斗彼得·德鲁克在1999年写的，当时他已经90岁高龄，书中还提到亚马逊。他如此高龄还保持开放的心态学习以及旺盛的创作精力，值得我们后辈学习，我愿意，笔耕不辍。

这本书相关人物采访前后跨越五年，感谢书中提到的这些企业家以及高管们乐意把自己的时间和思想拿出一部分来，和我分享。

感谢冻千秋、张天阔、徐瑞君、陆洋、杨亮、于洲、许红梅、王肇辉、飞猪、吴声、李静、李曦、康建、陈梦莹、谭晓慈、陈沛沛、张琳、王慧文、谭晨辉、吴茂林、左啸、刘艳峰、杜亚潇、曹祺、李迪、李剑雄、隆婧、曲圆、沈威风、周莉等人，如果没有你们在幕后的帮助，前后奔跑，我也没法完成这些文章。

感谢现代传播集团董事长邵忠先生，感谢程益中、魏寒枫、何力、王涌，因为你们的引导和支持，我才能走上财经记者这条路，才能在商业写作这条路上走得更远。

感谢蓝狮子文化创意有限公司的总编辑王留全、总编辑助理燕为卿，2013年，我们在杭州小聚，才有了这本书的诞生。感谢本书的编辑余燕龙，因为他的努力，确保了本书按质量、按计划出版。

感谢我的妻子王艳，她始终是我的文章、我的书的第一位编辑和读者。

最后，谢谢我的读者！

李志刚

2014 年 4 月于北京

图书在版编目(CIP)数据

颠覆者:中国商业变革中的新生代企业家 / 李志刚著. —北京:中国友谊出版公司, 2014.6

ISBN 978-7-5057-3380-0

Ⅰ.①颠… Ⅱ. ①李… Ⅲ.①纪实文学－中国－当代 Ⅳ. ①I25

中国版本图书馆 CIP数据核字(2014)第 097738 号

书名	**颠覆者——中国商业变革中的新生代企业家**
作者	李志刚
出版	中国友谊出版公司
发行	杭州飞阅图书有限公司
经销	新华书店
印刷	杭州钱江彩色印务有限公司
规格	710×1000 毫米 16 开
	13.5 印张 150 千字
版次	2014 年 6 月第 1 版
印次	2014 年 6 月第 1 次印刷
书号	ISBN 978-7-5057-3380-0
定价	38.00 元
地址	北京市朝阳区西坝河南里 17 号楼
邮编	100028
电话	(010) 64668676